José Luis Navajo

5 días para un matrimonio feliz

Descubre los principios que cambiarán tu vida para siempre

GRUPO NELSON
Una división de Thomas Nelson Publishers
Desde 1798

NASHVILLE   DALLAS   MÉXICO DF.   RÍO DE JANEIRO

Editora en Jefe: *Graciela Lelli*
Diseño: *Grupo Nivel Uno, Inc.*

ISBN: 978-1-60255-889-2

Impreso en Estados Unidos de América

13 14 15 16 QG 9 8 7 6 5 4 3 2

Dedicatoria

A ti, Gene, por enseñarme que el amor eterno sí existe y
por convertir treinta años de matrimonio en una larga
conversación que siempre se me hace demasiado corta.

Te amo.

Ningún éxito en la vida justifica el fracaso en la familia.

—FERNANDO PARRADO

—Si usted volviera a nacer, diga tres cosas que cambiaría en su vida.

Sin dudar ni un instante, el sabio anciano respondió:

—Pasaría más tiempo con Dios, pasaría más tiempo con mi esposa y pasaría más tiempo con mis hijos.

Contenido

Introducción

Ocurrió el 27 de diciembre, en plena época de Navidad. Conducía en dirección al Instituto Bíblico donde imparto alguna asignatura y mi atención se repartía entre la materia que habría de exponer, el denso tráfico que hacía lentísima la circulación y el programa de radio que desgranaba las noticias más relevantes del año que se extinguía.

De pronto, la voz que surgía por los altavoces del coche cambió de registro, y el magacín radiofónico captó todo mi interés. La locutora detallaba las conclusiones extraídas de un estudio realizado a varios centenares de personas, víctimas, todas ellas, de una enfermedad terminal, y conscientes de que sus días se acababan.

La pregunta que les habían planteado era: «Al reflexionar en su vida, ¿qué cosas son las que lamenta más no haber hecho?».

La coincidencia en las respuestas fue llamativa, diría que asombrosa. Personas que vivían en extremos opuestos del mundo, diferentes en cultura, edad, sexo, profesión y religión, respondieron: «Lo que más lamento es no haber expresado mi amor, lo suficiente, a los seres más cercanos».

Esa fue, por abrumadora mayoría, la respuesta estrella.

Le siguió otra, también de gran calado, pero que no se aproximó, ni de lejos, a la primera: «Haber seguido el camino que otros me marcaron, y no el que yo deseaba».

Alguien dijo que si supiéramos que el mundo iba a acabarse en los próximos cinco minutos, las líneas telefónicas de todo el planeta se colapsarían en nuestro desesperado intento por decirles a los seres queridos que les amamos.

¿Por qué aguardar a una situación límite para expresar nuestro amor?

¿Qué nos impide hacerlo ahora?

Pocos actos pesarán tanto sobre nuestra conciencia como las expresiones de afecto que quedaron sin decir y las palabras de reconocimiento que murieron en nuestra garganta sin cruzar el umbral de los labios.

Hay palabras que debemos decir hoy y que no admiten demoras. Al posponerlas corremos el riesgo de enterrarlas.

Hay retrasos que son irreparables.

La misiva que nos envía un corazón amante debe ser contestada de inmediato. Responder mañana es hacerlo a destiempo.

El beso en la mejilla del niño hay que depositarlo hoy; mañana ya será tarde porque el niño se habrá ido para siempre. Los frágiles deditos que se pierden en mi mano nunca serán tan pequeños ni tendrán una necesidad tan grande de ser cobijados como la que tienen ahora.

El hijo que hoy reclama atención pedirá independencia mañana; si no le escucho ahora, lo lamentaré profundamente cuando ya no necesite ser escuchado.

El tiempo avanza, inexorable, y las mejores oportunidades, como ocurre con un amanecer si uno espera demasiado, se pierden.

Madruguemos para amar. Tomemos hoy las flores que nos ofrece la vida.

En este preciso instante una vida podría ser cambiada; la de tu esposo, tu esposa, tu padre, tu madre, tu hijo, tu hermano... si escuchase de tus labios la expresión «te quiero».

Nunca es demasiado pronto, ¡nunca!, para expresar nuestros sentimientos. Cuando los retrasamos nos equivocamos. Madruguemos para amar. Y entendamos que el amor —no me refiero al sustantivo que da nombre a una cosa, sino al verbo que define una acción— es el único fundamento sobre el que se debe edificar un matrimonio.

De eso trata el libro que tienes ahora entre tus manos. Quiero invitarte a un viaje que, sin duda, te emocionará.

Debo advertirte que en el transcurso del mismo conocerás a una persona a quien luego te resultará difícil olvidar. Junto a ella descubrirás que a la hora de edificar una familia hay cosas que son buenas, luego están las importantes, y por fin las que de verdad importan.

Saber distinguir entre ellas y establecer prioridades constituye el gran secreto de la estabilidad matrimonial.

A lo largo de este periplo encontrarás valiosos tesoros y firmes columnas que espero atraigan tu atención. Atesóralos, es mi consejo, porque finalizada la jornada te corresponderá ponerlos en práctica en tu hogar. Serán aspectos vitales que reforzarán el bien más preciado que posees: tu familia.

Si se logra ese objetivo, daré por bien empleados los días en los que me senté ante un puñado de papeles en blanco para emborronarlos con la tinta de mi alma.

PRIMERA PARTE

Mi crisis y el Sabio

La peor forma de extrañar a alguien es estar sentado a su lado y saber que nunca lo podrás tener.

—AUTOR DESCONOCIDO.

ATRIBUIDO POPULARMENTE A GABRIEL GARCÍA MÁRQUEZ

CAPÍTULO 1
Crisis

Fue una de esas noches que deberían llamarse *eternidad*. Una noche siglo en la que la angustia era un pesado lastre sobre las manecillas del reloj. Los segundos goteaban con una lentitud desquiciante, los minutos adquirían la longitud de días y cada hora se me antojaba larga como mil vidas.

Giré mi cabeza por enésima vez y los dígitos rojos del despertador me lanzaron el despiadado mensaje de que solo eran las tres y treinta y tres.

No me gustó la cifra. Alguien me dijo que el tres simbolizaba adversidad, y desde entonces odié ese número, pero lo cierto era que esa noche no hubo otro más apropiado para definir mi estado.

—¡¿Es que nunca va a amanecer?!

Casi lo grité.

Pero lo que en realidad pedía no eran rayos de luz que se filtrasen por los resquicios de la persiana ni que la luna cediera el protagonismo al sol, ni que se apagaran las estrellas.

Era otro el amanecer que anhelaba; otra, muy distinta, la luz por la que clamaba. Lo que en ese instante me aterraba era la profunda noche en la que estaba sumido mi interior y suspiraba por un sol que se alzase en mis tinieblas.

¿La causa? Mi matrimonio.

La relación entre mi mujer y yo no era mala... sino desastrosa. Ruina era la palabra que mejor definía la condición de nuestro matrimonio.

Esther dio un giro en la cama y me pareció que respondía a mis pensamientos; se acomodó un poco hasta hacerse un ovillo. Enseguida su respiración delató que seguía inmersa en un profundo sueño.

La miré.

La penumbra solo me permitió ver los rasgos más marcados de su fisonomía: el nacimiento de su cabello y cómo este se abultaba en el punto donde la banda de goma lo aprisionaba formando una cola de caballo.

Tenía el rostro dirigido hacia mí, por lo que pude apreciar el puente que comunica su frente con su nariz. Vi incluso los párpados cerrados que, de vez en cuando se estremecían, como si soñara. Y su mano de finos dedos, con los que sujetaba el embozo de la sábana, ajustándola todo lo que podía en torno a su cuello.

Seguí observándola, hasta que mi emoción se confabuló con la oscuridad para disipar la imagen.

Entonces sí, lloré.

Era aterrador escuchar tanto silencio.

¡Qué lejos se puede estar de una persona aunque duerma junto a ti! ¡Qué fría puede parecer una cama, a pesar de que un cálido cuerpo repose en ella a tu lado!

Las palabras que según dicen escribió García Márquez cayeron sobre mí como un manto de helada escarcha: «La peor forma de extrañar a alguien es estar a su lado y saber que nunca le podrás tener».

¿Cuándo y por qué comenzó a romperse todo?

Durante algún tiempo nuestra relación fue bella, realmente agradable, todo lo que cualquier persona pudiera llegar a soñar.

Pero tiempo atrás —no era algo reciente— algunas grietas comenzaron a aparecer en el cristal de nuestro matrimonio y ahora parecía haberse hecho pedazos, como si de un objeto de vidrio se tratase.

Éramos dos extraños viviendo bajo el mismo techo.

Compartíamos casa, pero no proyectos.

Colchón, pero no sueños.

Comida, pero no ilusiones.

Vivíamos en un mismo domicilio.

En el mismo lugar, sí, pero en absoluto unidos.

Juntos, pero inmensamente separados.

Miré de nuevo el reloj... Las cuatro y veintitrés.

El tres... siempre el tres.

Que amanezca, Dios, haz que amanezca.

Di vueltas y más vueltas en la cama por casi una hora, al final me levanté resignado. Me acerqué a la ventana, levanté las láminas de la persiana y me asomé ante la noche.

La oscuridad era muy bronca, como ocurre siempre antes del amanecer.

«La hora más oscura de la noche —me aseguró alguien hacía mucho tiempo—, es la que precede al alba...».

La misma persona también me recomendó: «Ve a visitar al Sabio. Seguro que te ayudará. Te dará buenos consejos. Ese tipo es todo un restaurador de familias».

Y sumido en lo profundo de esa noche interminable, allí mismo, con mis ojos fijos en las tinieblas que envolvían a la ciudad tomé una decisión que cambiaría mi vida para siempre: iría a verle. Buscaría su ayuda.

CAPÍTULO 2

El Sabio

Nadie supo darme su nombre, porque todos le conocían como el Sabio.

Todas las personas que me hablaron de él, que fueron muchas, lo hicieron con evidentes muestras de respeto y abundaron en palabras de elogio. Aunque no faltó quien añadiese a sus comentarios algún matiz que me produjo desconfianza y que hizo que entornara mis ojos en un gesto de sospecha.

—Es un hombre un tanto raro —me advirtió alguien—, pero no cabe duda de que es bueno.

—Hace cosas extrañas a veces —aseguró otro—, todo un excéntrico, pero sus consejos son muy eficaces.

Y un tercero me pasó un papel mientras decía:

—Este párrafo resume el ideario del Sabio. Él mismo me lo dio el día que fui a su encuentro buscando consejos.

La nota estaba escrita con tinta azul y elegante caligrafía. Decía así:

Mi principal patrimonio se concreta en dos palabras: mi familia.

¿El paisaje más hermoso? El que observo al asomarme a los ojos de mi esposa.

¿La mejor música? La risa de mis hijas.

¿Las sentencias más estimulantes? Aquellas que redactan los labios de los míos al componer preguntas o fabricar opiniones.

Llámame romántico si quieres. Probablemente lo sea, pero de lo que no tengo la más mínima duda, es que fui bendecido con el don incomparable de una preciosa familia.

Es mi mayor tesoro y mi más importante trofeo.

Lo leí y releí varias veces hasta que la voz de mi interlocutor me produjo un sobresalto, trasladándome de nuevo al presente:

—El Sabio te puede ayudar.

—¿Estás seguro? —pregunté. Se trataba más de un ruego que de una pregunta.

—Lo estoy —la convicción que mostraba fue como bálsamo para mi alma. Sobre todo cuando repitió—: El Sabio te puede ayudar.

Y con esa afirmación me quedé, me aferré a ella como a un clavo ardiendo.

Era todo lo que necesitaba, ayuda para remontar la crisis en la que estaba sumido mi matrimonio. Confortado por una fina lluvia de esperanza acudí a su domicilio.

La casa del Sabio

Tal vez fueran los comentarios escuchados, algunos de los cuales apuntaban a la excentricidad del Sabio, los que me hicieron anticipar mi encuentro con él como algo —digámoslo así— «exótico».

Me imaginé que el buen hombre viviría en una cabaña de madera y me recibiría con un turbante en la cabeza, el torso desnudo y una especie de pañal de tela blanca cubriendo las partes menos honrosas de su cuerpo.

Por eso me extrañó que la dirección me llevara a un sencillo barrio de edificios altos.

El Sabio vivía en la planta baja de un bloque de siete pisos de altura.

Respondió la segunda vez que hice sonar el timbre. Un ding-dong clásico y nada pretencioso.

—¡Bienvenido! —dijo a modo de saludo.

Ese fue nuestro primer encuentro y mi primera sorpresa: abrió la puerta de par en par, lo mismo que sus brazos. Su alegría al verme parecía genuina y, a juzgar por su alborozo, daba la impresión de que llevara tiempo esperándome, aunque nunca antes le había visto ni jamás le avisé de mi visita.

Me sentí extraño al ser abrazado por un desconocido. *¿Tratará con la misma familiaridad a cuantos recibe en su casa?*, pensé.

Pero agradecí muchísimo aquel abrazo que me supo a gloria y cuyo efecto fue decididamente terapéutico, casi sanador.

Le miré durante los escasos segundos que se demoró en invitarme a pasar. Era un anciano que, probablemente, había cruzado la frontera de los ochenta años, de cabello abundante, algo encrespado y completamente blanco. Sobre todo eso, ni un solo matiz de gris, solo blanco. Del mismo color eran sus pobladas cejas, que se asemejaban a dos senderos cubiertos por la nieve.

Ese cabello níveo y el toque bondadoso que le proporcionaba su sonrisa me hicieron recordar a Santa Claus. De no haber sido tan delgado, bien podría haber pensado que tenía frente a mí al mismísimo Papá Noel.

Pero había algo más impactante que su físico, era su personalidad. Se hacía presente en el primer vistazo, sin necesidad de que mediaran las palabras, y de ella se desprendía algo hipnótico que envolvía irremediablemente al interlocutor.

No había nada llamativo en él ni mucho menos en su atuendo. Vestía de manera sencilla, modesta, incluso austera: un pantalón gris algo más ancho de su talla, pues el cinturón le hacía pliegues en la cintura, y el torso cubierto con una camisa suelta y holgada de cuadros blancos y negros que me hizo pensar en un tablero de ajedrez. Sus pies iban embutidos en unas zapatillas de gamuza marrón, muy gastadas pero seguramente muy cómodas.

Todo sencillo, incluso humilde.

Además estaba su mirada; allí sí descubrí algo diferente. Sobre la pátina de humedad que se mecía en las pupilas de color oscuro, pude ver compasión y autoridad en dosis gigantescas. El Sabio no presumía de ellas, sino que las exhalaba a raudales y de forma natural. Lograba así envolver a su interlocutor en un cálido manto de seguridad, afecto y comprensión.

Respondiendo a su invitación entré en la casa y vino entonces la segunda sorpresa. El interior era un exponente de la más radical decoración minimalista. Aquella vivienda estaba casi vacía; no había mueble en el recibidor ni cuadros en las paredes, sin embargo, prevalecía un ambiente tan agradable y acogedor que era imposible echar en falta nada, pese a carecer de casi todo.

Llegamos al salón, donde todo el mobiliario consistía de cuatro sillas de madera y una mesa del mismo material. Una bombilla desnuda colgaba del techo.

El Sabio debió de percibir mi gesto de extrañeza y enseguida aclaró:

—He descubierto que son muy pocas las cosas que necesito para vivir, y esas pocas las necesito muy poco.

—Ya lo veo, no tiene usted muchos muebles —confirmé con un toque de ironía mal disimulado.

—Ni tampoco necesito poseer un techo —me dijo.

—¿No es suyo este apartamento?

—No. Nunca fui propietario de una casa, pero siempre tuve un gran hogar.

—¿Acaso no es lo mismo? —pregunté con cierta incomodidad por lo que me pareció una muestra de suficiencia en el Sabio.

—Ni siquiera parecido —me respondió de forma rotunda.

—Pues acláreme la diferencia —ahora fui yo quien intentó proyectar autoridad, pero no me salió.

—Cada día se construyen más casas, pero se destruyen más hogares. Las llenamos de lujos, pero se vacían del calor familiar. A veces la vida nos hace elegir entre amueblar una casa o llenar un hogar.

—No le entiendo bien —insistí.

—No te preocupes, la mayoría de las personas no lo entienden, pero son demasiados los que invierten tanto en *tener*, que se quedan sin tiempo y energías para *ser*. —Tras un breve silencio añadió—: Para tener hay que gastar y para gastar hay que tener. Es un círculo vicioso, adquirimos cosas que no necesitamos con dinero que no tenemos. Y todo ¿para qué? Para impresionar a gente que no amamos y a la que nosotros tampoco le importamos.

»Se necesita todo el tiempo del mundo para alimentar al monstruo del consumismo que, insaciable, acaba devorando la quietud y los momentos necesarios para tener una vida más plena en la que podamos conversar, reír o llorar en familia.

»No hay tiempo para el otro. Estamos demasiado ocupados ganando el dinero que no tenemos para pagar cosas que no necesitamos. Así muere la convivencia y la intimidad, y comienza la agonía del matrimonio».

> Cada día se construyen más casas, pero se destruyen más hogares. Las llenamos de lujos, pero se vacían del calor familiar. A veces la vida nos hace elegir entre amueblar una casa o llenar un hogar.

Lo que el Sabio decía me resultaba demasiado complejo, pero no podía librarme de la sensación de que aquel hombre acertaba en su estilo de vida austero. Por otro lado, era evidente que algo intangible, imposible de definir, pero muy bueno, colmaba aquel lugar y saturaba el ambiente haciendo que, pese a la extrema sencillez y los escasos bienes materiales que ostentaba, podía sentirme muy cerca de la plenitud.

El anciano se dirigió a otro lugar y le seguí. Entró en una estancia y yo tras él. Comprobé enseguida que era la cocina. Minúscula, como el resto de la casa, pero equipada con lo esencial: un frigorífico de una puerta y varios muebles bajos. Sobre uno de ellos estaba encastrada una rudimentaria cocina de dos fuegos. No había armarios colgados en la pared.

En un rincón vi una vieja lavadora y, junto a ella, una mesa y dos asientos sin respaldo. El Sabio ocupó uno y me señaló el otro, en el que me senté.

Todo estaba tan próximo que me dio la impresión de que sin levantarme del taburete sería capaz de introducir ropa en la lavadora con una mano y cocinar sobre el fogón con la otra.

Me había tomado unos momentos para la observación y, cuando volvió a dirigirme la palabra, su voz me produjo un sobresalto.

—La prosperidad no es mala, pero según a qué precio. Lo que es seguro es que «ningún éxito en la vida justifica el fracaso en la familia» —la sonrisa de aquel hombre tenía un efecto sedante—. Porque de eso viniste a hablarme, ¿verdad?, de tu hogar... ¿o acaso de tu casa?

Segunda parte

Principios para un buen matrimonio

CAPÍTULO 3

Conocer el verdadero significado de la palabra amor

—He venido a hablarle de mi esposa —aún no entiendo por qué mis palabras brotaron con rudeza, como si aquel venerable anciano fuese el culpable de mi desdicha—. Creo que ya no la quiero... ni ella tampoco a mí. Lo mejor es que nos separemos.

El Sabio me escuchó, me miró a los ojos y de nuevo vi cómo aparecían la compasión y la autoridad en los suyos. Solamente me dijo una palabra:

—Ámala —luego se calló.

—¡Como si fuese tan fácil! —repliqué nada conforme con el curso que estaba tomando la conversación.

—Ámala —insistió con una serenidad asombrosa.

Y ante mi desconcierto, después de un oportuno silencio, agregó:

—Lo que mata a muchos matrimonios es ignorar el verdadero significado de la palabra amor —y desveló el enigma—. Amar es una decisión, no un sentimiento; amar es dedicación y entrega. Amar es un verbo y el fruto de esa acción es el amor.

Las palabras se escurrían de sus labios con la fluidez de quien se ha aprendido de memoria un emotivo discurso, pero con la determinación de quien declara una verdad innegociable.

—El amor es un ejercicio de jardinería: tienes que arrancar lo que hace daño, preparar el terreno, sembrar, ser paciente, regar y cuidar. Has de estar preparado, porque habrá plagas, sequías o excesos de lluvia, pero no por eso abandonas tu jardín. Ama a tu esposa, es decir, acéptala, valórala, respétala, dale afecto y ternura, admírala y compréndela —se detuvo unos segundos para tomar aire, luego sonrió y finalmente concluyó—. Eso es todo, ámala.

> Amar es una decisión, no un sentimiento; amar es dedicación y entrega. Amar es un verbo y el fruto de esa acción es el amor.

Una de las columnas del matrimonio es conocer el verdadero significado de la palabra *amor*.

La firmeza de sus reflexiones me dejó fascinado. Aquel anciano resumió en un párrafo la sabiduría de mil vidas.

Sin embargo, acudió a mi mente una duda, oscura como una nube negra en un cielo de verano: ¿Qué podía saber este ermitaño acerca del matrimonio? ¿Acaso un místico como él podía conocer los complicados recovecos de la vida familiar?

Para mi sorpresa, y como si mis pensamientos hubieran quedado expuestos a su mirada, el Sabio se incorporó del taburete, salió de la cocina y regresó enseguida.

—Es mi esposa —me dijo entregándome un retrato un poco más grande que mi mano.

Sorprendido, tomé la foto. No había considerado la posibilidad de que ese hombre pudiera estar casado. Me imaginé que sería un ermitaño que vivía recluido en filosofías; un monástico solterón, al estilo de los ascetas del budismo.

—Paso con ella casi todo el día —me reveló—. Es más, ha sido casualidad que me encontraras hoy. —Reflexionó un instante antes de matizar—. O a lo mejor no lo fue. Tal vez era necesario que estuviera aquí para recibirte.

—¿No vive ella con usted? —interrogué obviando su enigmático comentario.

—Lucía sufre Alzheimer en un estado muy avanzado, por lo que requiere asistencia constante y mucha más fortaleza física de la que yo puedo darle —el tono de su voz, hasta ese momento sedante y reposado, adquirió un matiz sombrío—. No puedes ni imaginarte cuánto añoro los tiempos en los que vivimos juntos bajo este humilde techo.

Me sentí en la obligación de mostrar alguna emoción, y en efecto estaba conmovido, pero solo me salió un torpe, *lo siento.*

—Llevamos cincuenta y dos años de feliz matrimonio —en este punto el anciano se rehízo—. ¿Se puede pedir más? Toda una vida amando a una mujer y siendo amado por ella.

El Sabio, que permanecía en pie, se inclinó hacia mí como quien se dispone a expresar una confidencia.

—¿Te puedes creer que siento un hormigueo de emoción al saber que esta tarde la veré y tendré su mano entre las mías?

La triunfante declaración del Sabio trajo a mi recuerdo una frase que oí hacía mucho tiempo, aunque fui incapaz de rememorar dónde la escuché ni quién me la dijo. Era más o menos así: «El que ha conocido sólo a su mujer y la ha amado, sabe más de mujeres que el que ha conocido mil».[1]

Volví a mirar la fotografía con atención. La imagen mostraba a una ancianita que estaba sentada, con recato y evidente decoro, en una silla. Tenía las manos unidas sobre el regazo y sonreía de forma contagiosa. Sí, destacaba sobre todo la sonrisa angelical de la mujer. También había algo especial en sus ojos que me llamó la atención, algo extraño que no supe definir ni me atreví a preguntar.

—Le hice la fotografía un año antes de que tuviera que ser internada— susurró el anciano mientras tomaba asiento otra vez frente a mí.

Volví a balbucear un *lo siento*.

—¡Qué felices hemos sido juntos! —en su rostro se alzó de nuevo la luz de una sonrisa.

—Cincuenta y dos años pueden dar para muchos buenos momentos —comenté.

—Así es. Hemos disfrutado de días muy felices y también de algunos sombríos —extendió su mano y tomó la foto que sostenía entre las mías.

Lo hizo con cuidado, casi con reverencia, la misma que impregnaba su voz cuando añadió:

—Pero ella... ella siempre logró encender mil luces cuando me encontraba abatido. Siempre fue optimista. Cuando la tormenta arreciaba me repetía con insistencia: «Saldremos de esta, verás cómo de esta crisis salimos más fortalecidos».

Guardó silencio y mantuvo sus ojos fijos en el retrato. El embeleso con que lo miraba me hizo recordar otras palabras, quizás inspiradas en lo que dijera algún poeta: «Hay ojos que acarician y miradas que besan».[2]

—Debe de echarla mucho de menos —dije, y enseguida reparé en que Lucía seguía viva, por lo que mi comentario no fue muy afortunado.

Pero él lo disculpó dando una palmada en mi rodilla y cambiando de tema.

—¿Te gustaría beber algo? Te advierto que hago unos zumos de naranja prodigiosos.

—Me encantará probar uno —acepté.

Tomó cuatro naranjas de un pequeño frutero que descansaba sobre la lavadora y se concentró en la labor de cortarlas por la mitad y exprimirlas cuidadosamente. Mientras lo hacía no dijo una palabra, como si estuviera ensimismado en un sagrado ritual que no admitía la profanación de la voz.

Enseguida vertió el zumo en un vaso alto, añadió un poco de azúcar y me lo tendió con gesto triunfante.

—No habrás probado nada igual en toda tu vida —no lo dijo, lo proclamó sin falsa modestia.

—Muchas gracias —repuse con sinceridad.

—Cincuenta y dos años de feliz matrimonio —repitió y, al escuchar de nuevo aquella frase, un leve temor me embargó.

¿Sería el Sabio uno de esos vejetes seniles que olvidaban las cosas que acababan de decir y las repetían luego con mortal insistencia?

Me concentré en degustar el zumo de naranja y él tomó asiento frente a mí. Cerró sus ojos. Su rostro adquirió una expresión de deleite.

Viéndole así, con los ojos cerrados y la cabeza echada ligeramente hacia atrás, recordé la advertencia que me hicieron: «El Sabio hace algunas cosas raras... es un poco excéntrico, pero seguro que te ayudará».

Apuré el zumo y en un esfuerzo por automotivarme, me aferré a la última parte de la sentencia y la repetí interiormente: *Te ayudará, te ayudará, te ayudará...*

El susurro grave del anciano me hizo regresar de mis pensamientos.

—¡Qué inmenso tesoro he acumulado durante el tiempo de convivencia con Lucía!

—Es usted muy afortunado —admití recordando la pésima relación que yo tenía con Esther y sintiendo que una fina garra de envidia arañaba mis tripas.

—Esto no tiene nada que ver con la fortuna —me corrigió—. La felicidad de un matrimonio no depende de la suerte. No es cuestión de azar que un edificio se sostenga sino de una adecuada construcción y de un mantenimiento constante. Lo mismo ocurre con el matrimonio.

Dejó la fotografía sobre la mesa y de nuevo reparé en la peculiaridad de los ojos de la anciana.

—Hay algo en la mirada de su esposa... —me atreví por fin a comentar—. No sé cómo definirlo...

El Sabio miró la foto, a su esposa que le sonreía desde ella, y luego dirigió a mí su mirada:

—Lucía es ciega.

—¿Perdón? —estaba seguro de que le había oído bien, fue la sorpresa lo que me hizo querer asegurarme.

—Un accidente en su adolescencia le produjo la ceguera.

—¿En su adolescencia? ¿Quiere decir que cuando se casaron su esposa ya no veía?

—Cuando la conocí ya era ciega —aclaró.

No sé qué cara puse, pero, desde luego, debía traslucir el estupor que sentía, pues el Sabio me preguntó:

—¿Te resulta extraño que me enamorase de una persona ciega?

—Bueno —titubeé—, me sorprende un poco... quiero decir... no es común... estooo... no es muy normal que alguien se enamore de... —temí haberme quedado tartamudo para siempre.

—Lo que intentas decirme es que no crees que sea normal que una persona con el don de la vista se enamore de alguien que es invidente, ¿no es cierto?

—Sí —reconocí—, y deseé haber añadido algo más, pero no se me ocurrió nada más que decir.

—Lucía es ciega, eso es cierto, sin embargo jamás he conocido a nadie con más visión que ella.

Se detuvo un instante, seguramente para permitir que la sentencia se posase en mi mente, y prosiguió:

—Hay muchas personas capaces de ver, pero que no saben mirar, y hay otros que aunque carezcan de la vista, poseen el don supremo de la visión. Miran, ¡sí, miran la vida con alegría y optimismo! —enfatizó la metáfora.

Se puso de pie de repente, como si hubiera recordado algo que tenía que hacer de forma inmediata, y se puso a recoger los restos de las naranjas exprimidas. Los arrojó al cubo de la basura y, mientras terminaba de limpiar la encimera de la cocina, añadió:

—Hace poco supe de un fotógrafo invidente que decía que tomaba fotografías «de oído».

—¿Cómo dice? —no estaba seguro de haberle entendido.

El Sabio sonrió, en su gesto me pareció percibir algo de ternura.

—Sí, has escuchado bien, hacía las fotografías «de oído». Fue fotógrafo profesional hasta que, a causa de una enfermedad, perdió la vista casi totalmente. Durante años dejó a un lado el oficio, pero en una visita a un país tropical se sintió invadido por los olores de la naturaleza y la vocación resucitó en su interior. A partir de ese momento hizo las mejores fotografías de toda su vida. Como lo oyes: pisó la cumbre de su profesión justo cuando perdió la vista.[3] De ese calibre es Lucía. Siendo invidente me enseñó a mí cómo mirar e incluso me hace ver cosas importantes que están delante de mis narices, pero que la mayoría de las veces ignoro. Me demuestra a diario que mucho más importante que los ojos es la visión y más crucial que el don de mirar es la capacidad de ver.

Todo aquello sonaba romántico e incluso interesante, pero había detalles prácticos que no me cuadraban.

—Pero su mujer habrá necesitado ayuda y asistencia constantes —afirmé, y hasta me atreví a preguntar—. ¿No ha supuesto eso una carga para usted?

—Jamás —lo dijo con cierta irritación—. No te equivoques, amigo. Lucía nunca fue carga, sino un soporte. Jamás fue un lastre, sino un verdadero impulso. ¿Oíste alguna vez decir: «Que más hace el que quiere que el que puede»?

De pronto recordé las frases redactadas por el Sabio. Aquella hoja de papel que me dieron a leer antes de mi encuentro con él. Una de aquellas sentencias decía: «¿El paisaje más hermoso? El que observo al asomarme a los ojos de mi esposa».

Era tan emotivo que me desarmó. Aquel hombre veía el más bello paisaje pintado en unos ojos ciegos. La paradoja me conmovió. Pese a ello seguí insistiendo.

—Pero una persona ciega requiere atención constante y eso limita la libertad del cuidador.

—Lo que dices es cierto —reconoció—. Pero cuando amas a alguien estás dispuesto a sacrificar tu individualidad en aras de la felicidad común. ¿Quieres conocer el principio número uno para restaurar un matrimonio? —no aguardó mi respuesta—. El primer peldaño de la escalera hacia la restauración es: *Aprender el verdadero significado de la palabra «amor»*. Amar no es recibir, sino dar. Amar es procurar la felicidad del otro; buscar ser su apoyo y sustento. El verbo amar define una acción que implica entrega, incluso sacrificio. ¿Oíste alguna vez las palabras de Jesucristo: «Nadie tiene mayor amor que este, que uno ponga su vida por sus amigos»?[4] Cuando entiendes esto, tu aproximación a la vida cambia, y por descontado se altera tu visión del matrimonio.

—Y eso es lo que usted ha hecho siempre con Lucía, ¿verdad?

Aprender el verdadero significado de la palabra *amor*. Amar no es recibir, sino dar. Amar es procurar la felicidad del otro; buscar ser su apoyo y sustento. El verbo amar define una acción que implica entrega; incluso sacrificio.

—Cuidarla fue mi deleite —reconoció—. Hace seis años, cuando su salud ya estaba muy deteriorada, me recomendaron su ingreso en un centro especializado, pero me resistí con todas mis fuerzas. ¿Internarla? Ni por asomo. «Hasta que la muerte nos separe», ese había sido el pacto bajo el que nos unimos y no toleraría que una enfermedad lo rompiera. Lucía y yo seguiríamos unidos. Y mantuve mi palabra con firmeza. No me dejé desmoronar cuando la maldita enfermedad comenzó a destruir el cerebro de mi amada. Bien es cierto que el proceso fue más doloroso de lo que puedas imaginarte. El Alzheimer destruye el cerebro del enfermo y el corazón de quien le cuida. Jamás podré olvidar la primera vez que la saliva traicionera, se escurrió sin previo aviso por la comisura de los labios de Lucía. Acerqué mi pañuelo y la retiré con disimulo, como quien limpia con naturalidad un pequeño resto de comida; pero ella comprendió lo que había ocurrido y enrojeció avergonzada... «¡Dios mío!, exclamó ruborizándose hasta la raíz de sus cabellos, ¿qué me está ocurriendo?». «¡No te pasa nada!». Le mentí. Pero no logré engañarla. «¿Qué me está ocurriendo?». Repitió desmoronada. Ella, que siempre había sido tan pulcra y decorosa, tan rigurosa con los modales...

—Debió ser terrible —intervine.

—Puedes estar seguro de que lo fue, pero decidí que lucharíamos juntos. Ni ese mal ni mil como ese, lograrían romper nuestra unión. Y lo hicimos. Peleamos con uñas y dientes, pero la maldita enfermedad fue ganando batallas y amenazaba con ganar la guerra. Pronto la comida se negó a deslizarse por su tráquea; se quedaba allí, detenida a medio camino, y a causa de ello los accesos de tos y las arcadas convirtieron el plácido tiempo de la comida en un verdadero tormento. Rápidamente se hizo necesario triturar los alimentos, un paso previo a la alimentación mediante sonda nasogástrica que hubo que implantarle tiempo después.

—Sí —asentí, presa de un verdadero arrebato de solidaridad—. He oído describir ese proceso, una trayectoria descendente y torturadora. Un declive imparable que va consumiendo al enfermo poco a poco...

—Y también a quien le cuida —añadió el Sabio, quedamente—. Las facultades del enfermo van disminuyendo y las reservas del cuidador se van agotando. Lo siguiente fueron las piernas. Se negaron a responder y cada día se hacía más difícil levantarla de la cama. Esta casa no está preparada para una silla de ruedas. Las puertas y el pasillo son demasiado estrechos, por lo que Lucía se pasaba el día entre la cama y la silla, sin salir del dormitorio, pero alzarla se hizo una labor imposible para mí. No obstante me resistí a que abandonara la casa.

El anciano se detuvo y respiró hondo. Parecía como si se encontrara a punto de llegar al final de una cuesta y necesitara todo el resuello posible para rematar la subida. Un golpe de tos hizo que se detuviera. Con la tos le brotó un sollozo. Yo sentía que las lágrimas también me nublaban la vista.

—Pero lo más difícil, sin lugar a dudas —continuó—, fue aquella mañana en la que nada más despertarse fui a saludarla con cariño. «¡Buenos días, princesa!», le dije, «¿Qué tal has descansado?». Me escuchó con un gesto de extrañeza. Como si fuera la primera vez que oyese mi voz; luego extendió sus manos, tanteando. Yo me aproximé para que pudiera reconocerme con el tacto. Dejó resbalar sus dedos por mi rostro. Lo hizo con premura e intensidad durante varios minutos. Finalmente pronunció la fatal pregunta: «¿Quién eres?».

Volvió a guardar silencio. Me pareció que llevaba una inmensa carga sobre sus hombros y se debatía entre proseguir o dar por terminada la conversación.

—No es necesario que siga hablando —intenté decirle.

El Sabio extendió la mano para que no le impidiera continuar con su relato.

—Luego fueron sus labios los que se sellaron. Lucía perdió poco a poco la capacidad de hablar. Al principio olvidaba algunas expresiones y luego parecía que había olvidado cómo se pronunciaban las palabras. Pronto, la sugerencia de ingresarla se tornó en una orden. Ocurrió hace un año. El médico me aseguró que el estado de Lucía era demasiado delicado y requería de cuidados que yo, por mi edad y precaria salud, no podía darle. Su ingreso era obligatorio; de otro modo su seguridad, y también la mía, peligraban.

El Sabio calló y me di cuenta de que sus ojos presentaban un aspecto desconsoladamente acuoso. Tuve incluso la sensación de que respiraba con dificultad, como si temiera que una inspiración demasiado profunda liberaría un llanto quizás contenido durante mucho tiempo.

—De haber podido —dijo tras una pausa interminable—, de haber sido capaz de cuidarla, con gusto la tendría aquí. No hay otra cosa que anhele más que estar a su lado. Acudo temprano a la residencia, para que al despertar y tender sus manos encuentre cerca las mías, y me quedo con ella hasta la noche, para que sean mis dedos los últimos que acaricie.

—Me parece ejemplar —atiné a decir.

—A mí, sin embargo, me parece natural —repuso el Sabio.

—Pero su vida está bloqueada, hipotecado su tiempo y su libertad.

El anciano me miró con sorpresa como si lo que acababa de escuchar fuese inconcebible.

—¿Acaso hay otra opción que luchar por el bienestar de la persona a la que amas? —negó con la cabeza respondiendo él mismo a su pregunta—. Cuando amas de verdad a alguien, encuentras la felicidad propia centrándote en la suya. Cada gramo de amor sembrado te reporta una explosión de fruto.

—No está mal... —pensé en voz alta.

—Es lo que llamo «efecto eco» —dijo el Sabio como si no me hubiera oído—. ¿Qué ocurre cuando te sitúas en un valle y gritas una palabra?

Medité un instante antes de responder:

—Esa palabra se repite.

—Lo mismo ocurre en las relaciones humanas y especialmente en el matrimonio —aseguró—. Lo que decimos, hacemos y la manera en que obramos, posee un prodigioso efecto bumerán, nos viene de vuelta. Tu esposa te responderá lo mismo que tú le digas. Habla amor y recibirás amor. Proyecta comprensión y eso será lo que te venga de vuelta.

El «efecto eco» es una realidad que alcanza su máxima expresión en el matrimonio. Aquello que haces o dices a tu cónyuge te viene de vuelta y multiplicado.

El Sabio lanza un reto

—Le envidio —confesé—. Siento envidia de sus cincuenta y dos años de feliz matrimonio.

—¿Cuánto tiempo llevas casado? —quiso saber.

—Doce años —respondí—. Pero temo que no llegaré a celebrar mi aniversario número trece.

—¿Por qué piensas eso? —preguntó con extrañeza—. ¿Estás gravemente enfermo o acaso lo está tu esposa?

—Es nuestro matrimonio lo que está enfermo —reconocí—. Creo que herido de muerte.

—Lo lamento mucho —dijo y reconocí que había sinceridad en su voz—. Pero podrías hacer algo para sanarlo.

—Por eso estoy aquí —repuse—. Aunque lo cierto es que no creo que haya nada que pueda hacer.

—Al menos debes intentarlo.

—Es mi sueño recurrente, incansable. Ser feliz junto a Esther; que podamos reír juntos. Y llorar también. Pero temo que ya es tarde. No sé, tengo la sensación de que es como si el tren hubiera partido hace unas horas y yo apareciera ahora en el andén.

—¿Sabe tu esposa que viniste a verme?

—No. Ella no tiene ni idea de que he venido —omití decirle que llevábamos dos días sin apenas dirigirnos la palabra.

El Sabio se inclinó sobre la mesa, aproximándose más a mí. Teniéndole tan cerca cobraron relieve las arrugas de su frente. Le conferían un toque grave que era desmentido por la luz que emanaba de sus ojos y por el sello vital de su casi perenne sonrisa.

Habló en voz baja, como quien revela un secreto.

—¿Sabes qué es lo primero que se hace cuando un edificio amenaza con arruinarse? —preguntó, sin aguardar mi respuesta—. Lo apuntalan. Colocan vigas de contención para evitar que se desplome de forma incontrolada. Luego llevarán a cabo la labor de demolición y reconstrucción, tirarán todo aquello que está en ruinas para levantar una planta nueva.

—¿Me está queriendo decir que...?

—Te estoy queriendo decir —interrumpió— que tu matrimonio debe ser apuntalado con principios y valores. Lo primero es evitar que vaya a peor y lo segundo será luchar para que mejore.

—¿Qué puedo hacer? —inquirí—. Me dice usted que riegue, que siembre, que cuide mi jardín, pero, ¡no tengo herramientas ni sé cómo combatir las plagas! Dígame, ¿qué puedo hacer?

—¿De veras quieres que te lo diga?

—Se lo ruego.

—Dedicarme cinco días —fue su respuesta.

—¿En cinco días recompondrá usted mi matrimonio? —había un toque de sarcasmo en mi pregunta.

—No te equivoques. Ni yo ni nadie. Ni en cinco días ni en mil años, podríamos recomponer tu matrimonio. Eso os corresponde a tu esposa y a ti. —Hablaba con autoridad y una inmensa serenidad impregnaba cada palabra.

—¿Quiere decir que si mi mujer y yo nos esforzamos durante cinco días veremos restaurada nuestra relación?

—Creo que no me estás comprendiendo —repuso un poco irritado y me explicó—: tardaréis cinco días en recibir los principios, pero toda una vida en aplicarlos. Recibiréis las herramientas, pero de vosotros dependerá utilizarlas.

Calló el anciano y me miró de forma escrutadora. Sus ojos parecían medir el efecto que aquellas palabras estaban causando en mí.

—Cuando estás enfermo y acudes al médico, este diagnostica la enfermedad y te prescribe el remedio. ¿Sales sano de la consulta?

—Por supuesto que no —repliqué—. Para curarme debo tomar el medicamento y esperar a que actúe.

—Has respondido de manera perfecta —subrayó con un gesto de asentimiento—. En este caso será exactamente igual: recibiréis la medicina, pero será responsabilidad vuestra aplicarla.

El Sabio se puso en pie dando por terminado nuestro encuentro y con su brazo sobre mi hombro me acompañó a la salida.

—Vuelve con tu esposa el próximo martes.

—¿Y si ella no quiere acompañarme?

—Querrá —afirmó con una seguridad irrebatible.

Cuando llegamos a la puerta se detuvo, puso su mirada en mis ojos y me dijo:

—Nunca olvides que amar no es vivir junto a quien te hace feliz, sino hacer feliz a la persona con la que vives. Si hay algo por lo que vale la pena luchar es por tu matrimonio, por tu familia —calló un instante antes de declarar una verdad que ya me había dicho—: «Ningún éxito en la vida, ¡ninguno!, justifica el fracaso en la familia».

Y mirando sus ojos comprendí que no era la edad, sino la convicción, lo que le hacía repetir determinadas cosas. Su corazón rebosaba de principios que quemaban como el fuego. Cuando los enunciaba se convertían en antorchas en la oscuridad. Luces radiantes que alumbraban la senda para cuantos la recorríamos necesitados de referencias.

> Amar no es vivir junto a quien te hace feliz, sino hacer feliz a la persona con quien vives.

Estaba a punto de alejarme cuando recordé un detalle del que no habíamos hablado.

—¿Cuánto me costará? —La pregunta me sonó burdamente práctica y materialista, pero necesitaba saber si los consejos del Sabio estaban a mi alcance, por eso fui claro al insistir—: ¿Qué tendré que pagarle por su ayuda?

—Es importante lo que planteas. No hemos hablado de eso y haces bien en preguntarlo —reconoció—. Mi trabajo no es gratis. ¡Desde luego que no! Tiene un alto precio.

Lo temía, pensé, *el Sabio es un vendedor de palabras. Un mercader de consejos que busca lucrarse a costa de la desesperación de los demás.*

—Le escucho —dije intentando que la decepción y el enfado no impregnasen mis palabras.

—El coste de la terapia es el siguiente: una vez restaurado tu matrimonio, te emplearás a fondo en ser tú mismo un restaurador. Harás que los principios que sanaron tu familia lleguen a quienes los necesitan —sonrió y me pareció ver un arco iris alzándose en su rostro—. Y no admito regateos. Es un precio innegociable.

—Acepto —respondí, tan aliviado como impresionado.

CAPÍTULO 4

Distinguir entre lo importante y lo que de verdad importa

El día acordado acudí yo solo al encuentro con el Sabio.

—¿Dices que tu mujer no quiso acompañarte? —me preguntó extrañado.

—Como lo oye —repliqué adoptando un tono victimista—. Le rogué que viniera pero no respondió palabra. Se quedó allí, sentada y enfurruñada.

—¿Te ama tu esposa?

—No estoy seguro —reconocí.

—Y ella, ¿se siente amada por ti?

—Hago lo que puedo para complacerla —me justifiqué.

—No te pregunto si procuras contentarla, sino si se siente amada.

—No le niego ningún capricho ni controlo el dinero que gasta —reflexioné un instante antes de añadir—: y eso a pesar de que nuestra situación económica no es precisamente boyante.

—Dinero, dinero... —repitió el Sabio con fastidio—. ¿Por qué siempre se acaba hablando de lo mismo?

—¿Acaso no es importante el dinero?

—Tal vez lo sea, pero no es lo que de verdad importa —y añadió—: ¿Has oído alguna vez el dicho: «Era tan pobre que solo tenía dinero»? Los recursos financieros son un pilar demasiado frágil para sostener el peso de un matrimonio.

> Los recursos financieros son un pilar demasiado frágil para sostener el peso de un matrimonio.

—¿Qué puedo hacer? —era casi un ruego—. Quiero luchar por mi matrimonio, pero todo esto es nuevo para mí. Me siento completamente perdido.

PRINCIPIO NÚMERO DOS

Otra columna valiosa del matrimonio es distinguir entre lo que es importante y lo que de verdad importa.

Percibí un aire de compasión en su mirada. Incluso extendió su mano y presionó con calidez mi hombro mientras me decía:

—El ser humano suspira por sentirse amado. Eso es lo que da sentido a la vida y también al matrimonio: amar y ser amado. Te aseguro que el dinero es un pésimo transmisor de amor. Hay maneras mucho más eficaces para comunicarlo; un abrazo, una palabra de elogio, un beso espontáneo, son auténticos tesoros.

Se detuvo un instante y, rascándose la cabeza con el dedo índice de su mano derecha, como si buscara algo en su mente, prosiguió:

—Estoy intentando recordar una estrofa de una canción de Noel Schajris, ¿cómo decía?: «...tengo tanto que darte: un beso en libertad, un abrazo por la noche, un cuento que te haga soñar...».[1]

Sí, creo que eso era lo que decía ese compositor argentino. ¿No te parece bello?

Lo era. Sin duda eran palabras bellas. Pero me estremecía la sensación de que en la vida hay temas bastante más prácticos.

—Cuando el plazo de la hipoteca vence —dije con cinismo—, los bancos no admiten besos ni abrazos; piden dinero.

—Por supuesto —admitió—. Pero de lo que ahora hablamos no es de los retos financieros que enfrenta una familia, sino de las columnas que la sostienen, te aseguro que el dinero no es una de ellas. Sería injusto que la estabilidad matrimonial se adquiriese a golpe de chequera. Si eso fuera así solo perdurarían los matrimonios que cuentan con una gran estabilidad económica, pero —meditó un instante—... resulta interesante que sean más los matrimonios que fracasan en tiempos de abundancia que en periodos de escasez.

—¿Es eso cierto? —dije en un tono de duda.

—Puedes estar seguro de que lo es —replicó sin titubear—. Te sorprenderías si supieses la cantidad de veces que he escuchado a matrimonios en crisis de convivencia repetir: «Nunca fuimos tan felices como cuando vivíamos con lo justo». No estoy haciendo una defensa de la pobreza, en absoluto, simplemente digo que el dinero, una vez cubiertas las necesidades elementales que te permitan vivir con dignidad, es totalmente secundario.

De nuevo mi vena sarcástica.

—Así que «contigo pan y cebolla», ¿verdad? Puede que el dinero no dé la felicidad. Sin embargo, no me negará que es una gran ayuda para conseguirla.

Noté ahora cierta decepción en su rostro, como si mi intervención le hubiera entristecido. Mirándome con una fijeza que casi logró intimidarme, comentó:

—Hay un punto de inflexión en la vida, una línea divisoria o una especie de frontera invisible, a partir de la cual todo adquiere otra dimensión. Unos llegan antes a ese punto, otros necesitan más años para alcanzarlo. Algunas personas tienen una vivencia que cambia su vida para siempre y les sume de golpe en esa nueva dimensión, pero finalmente todos cruzamos la puerta donde las cosas adquieren su importancia real.

»Entonces apreciamos el escaso valor de muchas de las cosas que hasta ese momento sobrevalorábamos y otras, que tratábamos con cierto menosprecio, adquieren una importancia distinta. En ese momento nos damos cuenta de que lloramos mucho por asuntos que no merecían ni una sola de nuestras lágrimas y que demasiadas tonterías nos robaron el sueño cuando no merecían ni una hora de vigilia».

El Sabio calló y noté que meditaba, por lo que respeté el silencio que se ocupó en hacer añicos unos segundos después.

—Siempre me gustó la forma en que se expresa Ángeles Caso. La aprecio mucho como escritora, especialmente desde que leí uno de sus artículos que me resultó tan impactante que casi lo memoricé. ¿Cómo decía? —mesó su barbilla haciendo memoria y comenzó a recitar—:

Será porque tres de mis más queridos amigos esta Navidad se han enfrentado inesperadamente a enfermedades gravísimas. O porque, por suerte para mí, la persona a cuyo lado vivo es un hombre que no posee nada material pero tiene el corazón y la cabeza más sanos que he conocido y cada día aprendo de él algo valioso. O tal vez porque, a estas alturas de mi existencia, he vivido ya las suficientes horas buenas y horas malas como para empezar a colocar las cosas en su sitio. Será, quizá, porque algún bendito ángel de la sabiduría ha dejado llegar una bocanada de su aliento hasta mí. El caso es que tengo la sensación de que empiezo a entender de qué va esto llamado vida.

Casi nada de lo que creemos que es importante me lo parece. Ni el éxito, ni el poder, ni el dinero, más allá de lo imprescindible para vivir con dignidad. Paso de las coronas de laureles y de los halagos. Igual que paso del fango de la envidia, de la maledicencia y el juicio ajeno... Y ahora, ahora, en este momento de mi vida, no quiero casi nada. Tan solo la ternura de mi amor y la gloriosa compañía de mis amigos. Unas cuantas carcajadas y unas palabras de cariño antes de irme a la cama. El recuerdo dulce de mis muertos. Un par de árboles al otro lado de los cristales y un pedazo de cielo al que se asomen la luz y la noche. Por lo demás, podría comer patatas cocidas y dormir en el suelo mientras mi conciencia esté tranquila.

También quiero, eso sí, mantener la libertad... Quiero toda la serenidad para sobrellevar el dolor y toda la alegría para disfrutar de lo bueno... Seguir llorando cada vez que algo lo merezca, pero no quejarme de ninguna tontería. No convertirme nunca, nunca, en una mujer amargada, pase lo que pase. Y que el día en que me toque esfumarme, un puñadito de personas piensen que valió la pena que yo anduviera un rato por aquí. Solo quiero eso. Casi nada. O todo.[2]

—¡Tiene usted una memoria prodigiosa! —lo alabé.

—¿Y el texto? —quiso saber—. ¿Qué te parece el mensaje que transmite?

Asentí con la cabeza, pensativo, meditando en la ingente cantidad de sabiduría que se puede apretar en un párrafo tan breve.

—Palabras positivas —dije, recordando—. Las palabras de cariño, un abrazo, tienen más importancia que el dinero.

—¿Expresas de forma espontánea tu amor a tu mujer? —me preguntó a bocajarro. Y sin aguardar una respuesta interrogó otra vez—. El insigne Jackson Brown recomendó: «Dile a tu pareja, al menos una vez al día, lo sensacional que es y lo que la amas». ¿Recuerdas cuando fue la última vez que le diste a tu mujer un beso o un abrazo sin la intención de que terminaran en un encuentro íntimo?

—Creo que en eso he fallado —reconocí y guardé luego un silencio lleno de aprensión.

Al ver cómo me había sonrojado, y con toda la intención de echarme un cable, adoptó un tono más relajado y jovial.

—¿Has escuchado alguna vez la historia de aquella joven que tenía una pésima relación con su suegra? —rio—. Bueno, supongo que habrás escuchado de muchos casos así.

Sonreí, era cierto que conocía muchos casos de incompatibilidades de ese tipo, es más, yo mismo tiempo atrás, tuve algún episodio de disputa familiar con los padres de mi esposa, aunque, por dicha, no llegó a mayores.

—Déjame que te cuente:

Hace mucho, una joven se casó y se fue a vivir con su marido y su suegra. Después de algunos días comenzaron los problemas de convivencia. Suegra y nuera no se entendían. Pasaron unos pocos meses y la convivencia se tornó insostenible.

La joven, desesperada, fue a visitar a un médico clandestino y le expuso su problema. El galeno, después de oírla, tomó un paquete de hierbas y le dijo: «No debes usarlas todas de una vez para liberarte de tu suegra, porque levantarías sospechas. Cada dos días pondrás un poco de estas hierbas en su comida; el envenenamiento será lento, pero eficaz. Ahora, para tener la seguridad de que cuando muera nadie sospechará de ti, deberás tener mucho cuidado y actuar de manera muy amable. No discutas con ella y ayúdala cuanto puedas».

La joven salió de allí muy contenta y corrió a su casa para iniciar de inmediato el proyecto: «Adiós, suegra, adiós».

—Interesante proyecto —reí y repetí—: «Adiós, suegra, adiós». Buen título para una película.

—No está mal, no —él también se rio—:

Bien, pues aquella mujer, cada dos días, le servía a su suegra la comida que tratada de forma adecuada con las hierbas y siempre recordaba los consejos del médico para evitar sospechas. Controló su temperamento y trataba a su suegra como si fuera su propia madre.

Después de seis meses el ambiente en esa casa estaba completamente cambiado. Nunca peleaban. Su suegra era mucho más amable y pasaron a tratarse como madre e hija. Entonces la joven fue de nuevo al médico y, completamente angustiada, le dijo: «Doctor, ayúdeme, por favor, ¿qué debo hacer para evitar que muera mi suegra? Ella se ha transformado. La amo como si fuera mi madre y no quiero que muera a causa del veneno que le di».

El médico sonrió y le dijo: «Tranquila. No tienes que preocuparte. Tu suegra no ha cambiado, quien cambió fuiste tú y las hierbas que te di, en realidad eran vitaminas que han mejorado su salud. El veneno estaba en tu mente y ha sido sustituido por el amor que le has expresado día a día».[3]

—Una historia curiosa —reconocí.

—Pues aplícala a tu caso —me recomendó el Sabio—. El elogio y la amabilidad son reconstituyentes de primer orden. Elogia, refuerza y valora a tu mujer. Sé generoso en cuanto a las manifestaciones de amor hacia ella. Debes llegar al punto de hacerlo sin aguardar ninguna contrapartida.

—¿Ayudará eso?

—Puedes estar seguro de que sí. No menosprecies el increíble poder del refuerzo positivo. Prueba durante esta semana a decirle todos los días algo bueno. Pero no seas artificial —me advirtió—. Piensa en valores que de verdad aprecias en ella y díselos, al menos uno cada día de esta semana.

—¿Es un encargo que me hace?

—Es una orden que te doy —sonrió para ayudarme a captar la broma—. Además, durante esta semana quedan prohibidos las críticas y los reproches. Cuando tengas la tentación de reprocharle algo, contrólate y guarda silencio.

—¿Y aquellas actitudes que mi esposa necesite corregir?

No menosprecies el poder del refuerzo positivo. Elogia, refuerza y valora a tu cónyuge. Sé generoso en cuanto a tus muestras de aprecio y amor.

O no oyó mi pregunta o decidió ignorarla.

—Cuando Lucía y yo nos casamos —se iluminó en el recuerdo el rostro del anciano—. ¿Te he dicho que llevamos cincuenta y dos años unidos? —no aguardó mi respuesta, tampoco yo pensaba responderle. Prosiguió—: Pues bien, una vez finalizada la ceremonia, antes de que abandonáramos la iglesia, mi suegra se acercó: «¿Me permites que cumpla con un pequeño ritual familiar?», me dijo. «Por supuesto», respondí. Entonces aproximó a mi boca una pequeña cucharilla llena de azúcar y me pidió que la tomara. Así lo hice y a continuación le pidió a Lucía que hiciera lo mismo. La buena mujer nos explicó con gratitud y pidiendo disculpas casi al mismo tiempo: «Lo que este símbolo representa es algo que conviene no olvidar. Que vuestra boca esté siempre llena de dulzura y que todos los días broten de ella expresiones amables para vuestro cónyuge».

—¡Ahhh! —exclamé—. ¡Qué bonito!

—Nunca lo he olvidado —aseguró el Sabio—. Y hasta hoy intento esmerarme para que Lucía tenga cada día su porción de néctar.

—Me parece algo hermoso —dije, aunque pensé que el Sabio aún no había contestado a mi pregunta, por eso insistí—: comprendo que debo reforzar los aspectos positivos de la persona con la que vivo y admito que ser generoso en mis elogios a Esther podría ayudar, pero ¿y aquellas áreas en que necesita mejorar?

—Podrás confrontarlas también, pero no durante esta semana. Se trata de un proceso y hay que respetar el orden de actuación. Por ahora solo le expondrás razones por las que eres feliz a su lado. Pero, vuelvo a decirte, no seas artificial. Piensa en todo aquello que te enamoró, virtudes que tu mujer tiene y valores que aprecias en ella, haz que lo sepa y prepárate para los resultados. Verás cómo vendrá contigo el próximo martes.

—Está bien —admití, aunque no del todo convencido—. Procuraré seguir las instrucciones que me ha dado.

—Y ahora, mientras regresas a casa, reflexiona en lo siguiente. No son míos los siguientes enunciados —reconoció—, pero estoy seguro de que te harán bien:

> Con el dinero puedes comprar una casa, pero no un hogar.
>
> Puedes comprar una cama, pero no sueño.
>
> Comida, pero no apetito.
>
> Puedes adquirir un libro, pero no inteligencia.
>
> Lujo, pero no belleza.
>
> Medicinas, pero no salud.
>
> Diversión, pero no felicidad.
>
> Con el dinero puedes comprar un crucifijo, pero no fe.
>
> Un lugar en el cementerio, pero no en el cielo.
>
> Quien pierde dinero, pierde mucho.
>
> Quien pierde un amigo, pierde más.
>
> Quien pierde el amor, lo pierde todo.

Pero quien habiéndolo perdido todo, conserva el amor...

Esa persona conserva un valiosísimo tesoro.[4]

Guardé silencio mientras me esforzaba por registrar cada frase en mi mente. El Sabio me observó por unos segundos, volvió a sonreír mientras inclinaba levemente su cabeza en un gesto de despedida y luego comenzó a cerrar la puerta.

—¿Y su esposa? —pregunté de repente—. Si nos recibe usted el próximo martes no podrá estar con ella.

—Iré temprano a verla y regresaré para reunirme con vosotros —dijo—. Es un regalo que Lucía os hace, una parte de su tiempo conmigo os lo cede a vosotros. Estoy seguro de que le encantará la idea de que juntos ayudemos en la restauración de una familia.

Regresé a casa muy despacio, todavía no podía decir que regresaba al hogar... no, todavía. Mientras caminaba lentamente con las manos en los bolsillos de mi chaqueta, meditaba en las verdades escuchadas: «Para sostener el peso de un matrimonio», me había dicho el Sabio, «se requieren columnas más firmes que una economía saneada».

Le había preguntado con vehemencia cuáles eran esas columnas, dónde podía encontrarlas. Era todo lo que quería saber. Todo lo que necesitaba saber. Mi matrimonio se desmoronaba y yo quería apuntalarlo.

«Te lo diré —me había asegurado—, pero no hoy. Comenzaremos a detallarlas el próximo martes. Por ahora medita en lo que ya te he dicho».

Y lo hice, ¡vaya si lo hice!

A practicar lo aprendido

Cuando entré en casa, Esther estaba en el salón; me miró con una mezcla de cautela y aprensión. Seguramente esperaba que la increpase por no tener la comida preparada o por cualquier nimiedad. Esa era mi costumbre, sermonear, reñir y regañar constantemente.

Contra todo pronóstico, hasta yo mismo me asombré de mi acción, me acerqué y besé su mejilla mientras le preguntaba:

—¿Qué tal estás?

Tardó un rato en reaccionar. La sorpresa y la perplejidad la mantuvieron muda unos segundos. Cuando se hubo recuperado balbuceó una respuesta:

—Bi... bien... Estoy bien. ¿Y tú?

La miré por largo rato y mi mente fue invadida por imágenes de nuestro primer tiempo de casados, cuando, tomados de la mano, paseábamos y reíamos juntos.

De allí salté a un pasado mucho más inmediato, a la reciente noche cuando, al sentirla inmensamente lejos pese a que su cuerpo durmiera junto al mío, experimenté tanto frio y soledad.

Y también a esa misma mañana en la que nos cruzamos sin intercambiar una palabra. Ni siquiera un saludo. Y al miedo que me atenazó al escuchar tanto silencio. No era eso lo que yo quería, seguramente ella tampoco. Todo parecía confabularse para que la emoción se agolpara en mi pecho y estrechara mi garganta.

Seguí mirándola hasta que su gesto empezó a teñirse de preocupación mientras una pregunta parecía asomar en sus ojos: *¿Qué te ocurre?*

Quise contarle muchas cosas, pero solo logré decir una:

—Quiero luchar por nuestro matrimonio —y lo repetí—. Quiero trabajar para restaurar nuestra relación.

No me contestó o, al menos, no lo hizo con palabras. Seguramente fue el desconcierto lo que le impidió expresarse. Sin apartar sus ojos de los míos, asintió con la cabeza. Fue suficiente.

Ante su gesto de asentimiento intuí que ambos queríamos luchar con determinación para convertir las ruinas de nuestra relación en un edificio habitable y supe también que lo conseguiríamos. Una certeza plena me embargó, la convicción de que lo lograríamos.

Desde ese mismo día me dediqué al máximo a cumplir las sugerencias del Sabio.

Fui anotando en un papel todas las virtudes que veía en Esther. Me convertí en un *observador positivo*, analizando todos sus puntos fuertes y tomando nota de cada uno de ellos. El resultado fue sorprendente; surgió una lista mucho más larga de lo esperado. Quedé perplejo al ver cuántas virtudes tenía mi mujer, muchas de las cuales no había notado hasta ese momento, simplemente porque no me había dedicado a buscarlas.

La primera consecuencia fue un creciente respeto y aprecio por la mujer con la que llevaba casado doce años. Del mismo modo que el concentrarme en sus defectos me llevó a subestimarla, al fijarme ahora en sus puntos fuertes y recalcarlos en mi mente, crecía mi concepto y valoración de ella, hasta terminar convencido de que era inmensamente afortunado por tener una mujer así a mi lado.

Al cuarto día me levanté temprano e hice café, exprimí unas naranjas y tosté unas rebanadas de pan.

—¿Qué día es hoy? —preguntó Esther, extrañada ante aquella mesa primorosamente preparada—. ¿No tienes que ir al trabajo?

—Claro que sí —respondí—. Pero después de tomar un café contigo.

De nuevo, la perplejidad le impidió manifestar sus emociones, aunque de su boca se escurrió un tímido *gracias*, y percibí el nacimiento de una sonrisa.

Mantuve esa actitud durante toda la semana y fue obvio que surtía efecto. Por un lado, estaba descubriendo en ella grandes cualidades que pasaron inadvertidas. Por otro lado, el *efecto eco* comenzaba a producirse: mi mujer reaccionó a mi cambio de actitud. Estaba más amable y sonriente, por lo que pudimos entablar una que otra conversación larga y gratificante.

CAPÍTULO 5

La tragedia de dar más importancia a la apariencia que a la esencia

El martes, Esther no puso ninguna objeción para acudir a casa del Sabio, al contrario, aceptó casi con entusiasmo. Me di cuenta con verdadero alivio de que tenía tanto interés como yo en encontrar los pilares de contención para nuestro matrimonio.

A primera hora de la tarde llegamos al humilde barrio y nos detuvimos ante la puerta de madera barata que daba entrada al refugio del Sabio.

—¡Bienvenidos! —el anciano nos recibió con verdadera cordialidad. Diría que con auténtico cariño—. Entrad, por favor.

Observé que llevaba la misma ropa de la semana anterior, pero la había lavado y se veía correctamente planchada.

—Le presento a Esther, mi esposa —dije antes de cruzar el umbral—. Esther te presento a... —caí de pronto en cuenta de que no conocía el nombre del anciano.

—¡Déjate de formalismos! —rio dándome un abrazo—. Pasad, pasad, gracias por venir; es una alegría recibiros en mi humilde hogar.

Capté la naturalidad con la que el Sabio había eliminado de su vocabulario el término casa, adoptando el de hogar.

—Gracias por recibirnos —comentó mi esposa—. Mi marido me habló de los cinco encuentros que usted aceptó tener con nosotros y de lo que podríamos aprender en ellos, por lo que le estoy muy agradecida.

El anciano respondió con una sonrisa y una leve inclinación de cabeza. Luego fue delante de nosotros hasta el salón y nos invitó a tomar asiento.

Aprecié con agrado que había preparado nuestra visita. En la mesa había una cesta llena de frutas y, junto a ella, un plato con galletas y una jarra de zumo de naranja recién exprimido.

—Me alegra mucho que hayáis venido —dijo mientras vertía el contenido de la jarra en nuestros vasos—. El otro día me quedé un tanto preocupado al pensar que quizás te agobié con mis recuerdos —señaló hacia el retrato de su esposa, que descansaba en una minúscula mesita, en un rincón del salón.

—Fue una conversación muy inspiradora —le dije.

—Pero me temo que te atosigué con mi nostalgia —insistió—. Intento ser disciplinado al expresar mis recuerdos, pero a veces no lo consigo. ¡Qué razón tiene ese proverbio hindú cuando dice que: «La vejez comienza en el momento en que el recuerdo es más fuerte que la esperanza»! —meditó un instante y su rostro parecía estar en un ensueño—. Está mañana Lucía me sonrió varias veces mientras le hablaba. No estoy seguro, pero creo que me conoció. En fin —suspiró—, debo tener cuidado si no quiero convertirme en un viejo que cuenta mil veces la misma batallita.

—Pues yo pienso que los buenos recuerdos son uno de los mejores tesoros que podemos conservar. —Esther se levantó, tomó el retrato y añadió—: Me dijo mi marido que llevan casados cincuenta y dos años.

—Con seis meses y diez días. ¡Vaya! —rio—, parece que estuviera describiendo la duración de una condena. Pero no lo ha sido, en absoluto. Se han pasado en un suspiro. Un largo tiempo que se ha hecho demasiado corto.

—Eso demuestra que su convivencia ha sido agradable. Todo lo bueno se hace breve —percibí un poco de desaliento en la voz de Esther, como si anhelase algo parecido.

—También vuestra convivencia será gozosa —profetizó el Sabio—. Ya verás cómo disfrutaréis de un largo tiempo de verdadera felicidad.

Y, como queriendo sellar aquellas palabras, un rayo de luz entró por el ventanal del salón, inundando de alegría la pequeña estancia.

El Sabio dejó la jarra vacía en el fregadero y tomó asiento frente a nosotros. Yo opté por ir al grano:

—Usted me dijo que había algunos principios o columnas que eran fundamentales para sostener el peso de un matrimonio.

—Es cierto —afirmó—. Y veo que tienes prisa por conocerlos, así que no os haré esperar. Acompañadme, por favor. Podéis traer vuestros vasos con el zumo.

Le seguimos por el corto pasillo y entramos tras él en una habitación.

—¿Es su despacho? —dije al ver la mesa atestada de libros.

—Me temo que es una definición demasiado optimista para un espacio tan sencillo. Pero si te refieres a si este es el lugar donde trabajo, la respuesta es sí. Aquí paso horas leyendo y también escribiendo.

—¿Es usted escritor? —preguntó mi esposa.

—Digamos que me gusta reflexionar sobre el papel y de vez en cuando un pensamiento medio sensato se escurre de mi mente y se posa en las cuartillas.

Fue entonces cuando reparé en otra mesa más pequeña situada en un rincón, y sobre la que había una maqueta de cartón y madera que representaba una casa.

—¿También hace usted bricolaje? ¡Ha fabricado la casa de mis sueños! —exclamé al ver los amplios ventanales, la puerta de entrada, blanca y acristalada y el tejado de dos aguas coronado por una chimenea forrada en piedra.

—Precisamente os traje aquí para que vierais esta maqueta —explicó—. Os propongo que hagamos un sencillo ejercicio: imaginaos que nos correspondiese a nosotros acometer la edificación de esta casa —levantó con cuidado el tejado y pudimos asomarnos a un interior primorosamente decorado.

—¡Tiene muebles! —exclamó mi mujer—. ¡Y cuadros en las paredes y cortinas en las ventanas! Me recuerda a las casas de muñecas con las que me encantaba jugar cuando era niña. ¡Es preciosa!

—Debo reconocer que lo es —admitió el Sabio con una sonrisa—. Me esmeré mucho en el acabado. Como podéis apreciar la casa está llena de detalles. Hay muchos objetos decorativos y elementos ornamentales; no cabe duda de que todo eso le confiere un valor añadido pero, decidme algo, ¿qué consideráis más importante para garantizar la seguridad de una edificación?

—¿Lo más importante? —La pregunta me pilló por sorpresa.

—Lo más importante para que una casa se mantenga en pie es que tenga buenos cimientos y fuertes columnas —respondió mi esposa sin titubear.

—¡Exacto! —aplaudió el Sabio—. Esta casa tiene muchos detalles decorativos pero, ante un terremoto, los cuadros que cuelgan de la pared o los adornos que la llenan poco pueden hacer, salvo ser aplastados por los escombros —calló y nos miró para asegurarse de que le seguíamos—. ¿No os parece que sería ridículo agotar el presupuesto de la edificación en artículos de lujo y construir luego con columnas mediocres y estructuras de baja calidad?

Había hecho una pregunta y aguardaba la respuesta.

—Es obvio —contesté sin entender muy bien qué quería explicarnos.

—Lo que intento deciros es que con frecuencia actuamos de forma incoherente cuando cuidamos más el escaparate que el contenido o lo que yo llamo obsesionarse con la apariencia y olvidarse de la esencia. Por esa razón tenemos hogares que son impecables en su escaparate, pero vacíos en el interior. Sentimos preocupación por lo trivial e indiferencia por lo vital. Mucha decoración y poca cimentación —hizo una pausa para tomar aire. Enseguida continuó—. No veríamos lógico que un arquitecto recomendase los mejores vidrios y las peores columnas; hermosos jardines y forjados mediocres. Parece absurdo que las grandes partidas presupuestarias de una edificación se dediquen a pinturas y visillos en detrimento de aquello que le confiere seguridad y sostenibilidad al edificio, pero esa postura incongruente a veces se adopta durante la tarea de edificar una familia.

A veces se da la incoherencia de cuidar más el escaparate que el contenido, y por esa razón tenemos hogares impecables en apariencia, pero vacíos de esencia. Estamos obsesionados por lo trivial y somos indiferentes en cuanto a lo vital. Mucha decoración y poca cimentación.

Hizo una pausa que aproveché para interrogar:

—¿Por qué la puerta y las ventanas son doradas?

—¿Por qué crees tú? —me devolvió la pregunta.

—No tengo la menor idea —reconocí.

—Puertas y ventanas de oro para destacar el principio que estoy intentando transmitiros.

—Casas que intentan impresionar con la apariencia —señaló mi mujer.

—Justamente —admitió el Sabio—. Temo que son demasiadas las familias que tienen un acusado interés en impresionar a los demás. Vivimos en la época de los coches enormes. Los necesitemos o no. Ya no se trata de lo que necesito, sino de lo que impresiona a mi vecino. Por esa razón se adquieren deudas enormes, luego no hay manera de hacerles frente y se acaba por perderlo todo.

Nos miró largamente y con intensidad también. Después preguntó:

—¿Acaso no es cierto que a veces nos preocupa más *parecer* que *ser*? —dijo, sin dejarnos tiempo a responder, pues encadenó más preguntas—. ¿No cabría la posibilidad de que me importe más el concepto que otros puedan tener de mi persona que aquello que mi esposa o hijos sientan y piensen acerca de mí? ¿Amplias sonrisas en público y el ceño fruncido en lo privado? ¿Tomados de la mano ante los conocidos, pero distancia y silencio en la intimidad del hogar?

Se detuvo, por fin, y sonrió con timidez.

—Disculpadme. Os estoy abrumando con sermones. Siento ser tan determinante, pero este tema me inquieta. Creo que la gran tragedia de una civilización es tener familias enfermas, porque la enfermedad de la familia la infecta y la destruye —sentenció, y volvió a sonreír tímidamente—. Tal vez pensáis que exagero...

—No creo que esté usted exagerando —dije—. Si estoy aquí es porque creo en la importancia de la familia, porque me preocupa mi familia. Me he dado cuenta de que la relación que tengo con mi mujer afecta las demás relaciones. Cuando no estoy bien con ella me resulta muy complicado estar bien con el resto de las personas. No rindo igual en el trabajo, no duermo bien, no vivo bien.

—A mí me ocurre lo mismo —asintió Esther.

El Sabio se las arregló para alcanzar mi mano derecha y ponerla sobre la izquierda de Esther. A continuación cubrió nuestras manos con las suyas y dijo:

—Arraigad vuestro matrimonio en la tierra del amor —su voz era casi una súplica. Me sentí conmovido por la vehemencia con la que insistió—: Ahondad vuestras raíces en el amor. El vendaval lo tumba todo, salvo aquello que está bien arraigado. La gran crisis del presente siglo dejará en evidencia la verdadera solidez de muchos matrimonios, así que hacéis muy bien en estar aquí para reforzar vuestra relación.

—Enséñenos a hacerlo —ahora era yo quien suplicaba—. Ayúdenos a arraigarnos en amor, por favor.

PRINCIPIO NÚMERO TRES

Que nunca sea la apariencia más importante que la esencia. Cultivad el ser mucho más que el parecer. Si sois felices no tendréis que preocuparos por parecerlo.

—Es en eso en lo que estamos —me advirtió—. La semana próxima os mostraré uno de los principios más poderosos para fortalecer un matrimonio.

—¿Es necesario que esperemos toda una semana? —interrumpí con tono lastimero.

—Cada cosa a su tiempo —rio al ver mi impaciencia—. La información hay que recibirla en porciones justas. Nunca fueron buenas las sobredosis. De todos modos, no menosprecies los principios que hasta aquí os he transmitido. He intentado mostraros tres muy importantes sobre los cuales erigir un matrimonio y me gustaría que recordéis esta enseñanza como lo que habéis aprendido en la primera de nuestras cinco citas.

El Sabio dibujó en un papel algo parecido a tres columnas, sobre cada una de las cuales puso una inscripción y una breve descripción.

1. El verdadero significado de la palabra *amor*.
    Amar es una decisión, no un sentimiento; amar es dedicación y entrega. Amar es un verbo y el fruto de esa acción es el amor.

2. Que lo importante no os haga olvidar lo que de verdad interesa.
    Al acometer el supremo reto de construir una familia, hay cosas que son buenas... Luego están las importantes... Y por fin, las que de verdad importan. Tenéis que centrar toda vuestra atención en estas últimas.

3. Que nunca sea la apariencia más importante que la esencia.
    Cultivad el ser mucho más que el parecer. Si en verdad *sois felices*, también *pareceréis felices*.

—¿Creéis que sería útil para vosotros guardar este resumen? —nos tendió la hoja que tomé enseguida.

—¡Claro! —dije—. Nos vendrá muy bien repasar todo esto cuando estemos a solas. Seguro que ya hay unas cuantas cosas que podemos comenzar a aplicar.

Esther asintió mientras decía:

—Tenemos bastante trabajo para los próximos días.

Tercera parte

La comunicación es vital para la familia

CAPÍTULO 6

Hablar no es necesariamente comunicar ni oír lo mismo que escuchar

Lo más destacable de esa semana fue que Esther y yo conversamos a diario sobre las *columnas* y la forma de darles un lugar prioritario en nuestro matrimonio.

Esos tiempos de conversación resultaban muy buenos y comprobé que, aunque no siempre coincidíamos en todo lo que hablábamos, el resultado era que nos sentíamos más unidos.

Cuando tratamos acerca del verdadero significado de la palabra amor tuvimos un debate apasionante y constructivo.

—¿Por qué siempre habré pensado que para amar tenía que sentir amor? —reflexionó ella.

—¿Acaso no sientes amor? —pregunté y me puse a la defensiva.

—No es eso. No seas tonto —fingió ofenderse—, simplemente que hay etapas en que parece que la pasión no es tanta. No sé... es como si los sentimientos se apaciguasen. En fin, pensé que no sentir siempre el mismo apasionamiento podía afectar nuestra relación.

—Y ahora descubrimos que amar es una decisión —recordé—, y que yo decido amar, aunque no siempre exhale romanticismo. Y así con el resto de los principios aprendidos. Nos avergonzó en algún momento el tratar la necesidad de *ser* antes que *parecer*. Ambos reconocimos que en varias ocasiones aparecimos con las manos enlazadas en público para que los demás pensasen que todo era perfecto en nuestro matrimonio, aunque en realidad las cosas no marchaban nada bien.

—Creo que debemos esforzarnos más por arreglar el interior que por decorar la fachada —comentó mi mujer.

—Primero la esencia y luego la apariencia —subrayé.

—Estoy deseando que llegue el martes —me dijo uno de esos días—. Me siento como una niña que tiene muchas ganas de aprender.

—Siempre fuiste la alumna aventajada de la clase —apunté con ironía—. Yo, sin embargo, era de los que buscaban cualquier excusa para faltar a la escuela.

—¿Quieres decir que no te agrada acudir a la cita con el Sabio?

—Al contrario —corregí—. En este caso sí. Creo que nos está dando pautas acertadas y es obvio que hacemos progresos. Además, estoy muy impaciente por escuchar eso tan importante que nos tiene que decir.

Comenzaba a caer la tarde y el sol iniciaba su lento descenso cuando nos detuvimos ante su sencilla puerta.

—¡Llegó el día! —nos dijo en cuanto franqueamos la entrada—. Hoy tenemos que hablar de algo crucial para el matrimonio.

—¡Bravo! —aplaudí—. No puede imaginarse lo expectante que estoy.

—Pues no te haré esperar más —tomó asiento y con su dedo índice en alto dijo—: Algo vital e imprescindible para consolidar un matrimonio es *la comunicación*. Es algo más que una columna en un edificio, es el pilar central.

—Bastante típico —repuse con muy poca convicción y bastante decepcionado por lo predecible del tema—. No hay retiro de convivencia o charla para matrimonios donde no se hable de la comunicación.

—Típico, es cierto —reconoció el Sabio, nada inquieto con mi evidente desencanto—, pero absolutamente fundamental. El problema que existe detrás de casi todas las crónicas de separaciones es una comunicación deficiente —y tal vez para distender el ambiente comentó—: Una buena mujer me dijo en cierta ocasión: «Mi marido, antes de que nos casáramos, se pasaba la noche sin dormir pensando en algo que yo le dijera, pero ahora se queda dormido antes de que acabe de decírselo».

Esther rio con la frase, pero yo no lo hice. Toda la semana había aguardado ese encuentro. Había alentado la esperanza de recibir claves concretas, algo así como fórmulas mágicas de aplicación rápida y resultado instantáneo. Creo que iba buscando un *abracadabra* que confiriera inmediata salud y completa solidez a mi matrimonio.

—La comunicación fortalece el matrimonio —garantizó el Sabio—, y la ausencia de ella es un certero medio para destruirlo.

—No creo que ese sea nuestro problema —comenté con desidia.

—Tampoco yo lo creo —asintió Esther—. Nosotros hablamos mucho.

—En especial ella; es increíble lo que habla. Es difícil callarla incluso debajo del agua —mi incorregible sarcasmo hizo que soltara la impertinencia.

—No le haga caso —pidió Esther, algo molesta con mi actitud, aunque enseguida se le pasó—. Lo cierto es que en condiciones normales, cuando no estamos enfadados, tenemos largas conversaciones. Esta semana hemos hablado mucho sobre los tres principios que nos dio para el matrimonio.

—Me alegra escuchar eso. Pero hay algo que no debéis olvidar —advirtió el Sabio—, en este caso como en todos, la cantidad no garantiza la calidad —y aclaró—: es posible hablar mucho, pero comunicar poco.

El Sabio escribió: *La comunicación es mucho más que conversación,* en una hoja de papel antes de añadir:

—Hablar no es necesariamente comunicar, del mismo modo que oír no es lo mismo que escuchar. Para oír solo es necesario tener un aparato auditivo capaz de recoger los sonidos, pero para escuchar se precisa concentrar toda la atención en lo importante.

PRINCIPIO CLAVE EN LA COMUNICACIÓN

Hablar no es lo mismo que comunicar, del mismo modo que oír no es lo mismo que escuchar.

—A mí me gusta que me escuchen cuando hablo —replicó mi esposa.

—A todos nos gusta —aseguró el Sabio—. Solo cuando la información transmitida es recibida y comprendida por el interlocutor podemos decir que ha habido comunicación. ¿Quieres buscar en este diccionario el significado de la palabra *comunicación*?

El Sabio me entregó un grueso volumen en cuyo lomo pude leer: *Diccionario de la Lengua Española.* Con cuidado pasé las páginas hasta localizar el término que buscaba. Entonces leí el significado:

—*Comunicar.* Hacer a otro partícipe de lo que uno tiene.

—¿Os dais cuenta? —casi aplaudió—. El término comunicar indica la transmisión de una información con la eficacia suficiente para que la otra persona la reciba, comprenda y asimile. Eso implica que en la verdadera comunicación tiene que haber mucho más que palabras, debe existir conexión, complicidad y una alta dosis de escucha.

El Sabio volvió a escribir: Cuando no me siento escuchado no me siento respetado.

—¡Claro! —reconoció Esther—. A veces uno habla con alguien y nota que esa persona no está escuchando.

—Y si esa persona que no escucha es nuestro cónyuge, nos sentimos bastante mal —advirtió el anciano—. Porque *una persona que no se siente escuchada, no se siente respetada*, y cuando no nos sentimos valorados ni respetados, la confianza en nosotros mismos y en los demás se ve seriamente afectada, por consiguiente la baja autoestima y los complejos de inferioridad hacen su aparición.

Nuestro silencio le alentó a continuar.

—Insisto en que en la verdadera comunicación tiene que conjugarse el acto de hablar con el de escuchar. Es más, yo creo que hay dos estilos de comunicación:

- **La comunicación estilo radio**, en la que uno es el que habla y el otro escucha. Solo una de las partes implicadas tiene la opción de volcar sus sentimientos, emociones, sensaciones y necesidades. Esta comunicación tiene un matiz algo egoísta. Está marcada por una persona que solo piensa en su desahogo, sin que le importe demasiado si el otro siente, padece o sufre. Pero hay otra opción mucho más equilibrada y justa.

- **La comunicación tipo teléfono**, se trata de una carretera de doble vía, es decir, de emisión y de recepción. Los dos hablan y los dos se escuchan. Ambos son conscientes de que su interlocutor también tiene necesidad de expresarse y manifestarse.

—Es cierto que en ocasiones nos olvidamos de que la persona con la que hablamos también necesita expresarse —apunté—; muchas veces tengo tanta necesidad de contar mis problemas que olvido que quien me escucha también tendrá los suyos.

En la verdadera comunicación se conjugan el acto de hablar con el de escuchar. Expresar mis sentimientos y dejar que mi interlocutor exprese los suyos.

—Debemos estar atentos para no saturar la conversación sin permitir que nuestro interlocutor exprese sus puntos de vista y sus emociones —recomendó el Sabio—. Y el matrimonio es un área muy sensible para poner este principio en práctica. Es vital que demos al otro la ocasión de expresarse. En efecto, hay ocasiones en que la clave de una buena comunicación radica en saber callar mucho más que en hablar. El dominio propio es una virtud que eleva a arte la comunicación. Cuando alguien se siente escuchado, se sentirá bien y eso refuerza el mismo acto de comunicar.

—Debo reconocer que no he sido muy cuidadosa con eso —se sinceró Esther dirigiéndose a mí—. Temo que siempre estuve más preocupada por ser escuchada que por escucharte.

Tomé su mano y la aproximé a mis labios para besarla.

Ella sonrió y el Sabio también lo hizo antes de comentar:

—Otro aspecto en el que el dominio propio refuerza y afianza la comunicación es cuando tenemos la capacidad de silenciar aquellas frases que vienen a nuestra boca con el ánimo de ofender —dijo, cerró un momento sus ojos y creo que reflexionaba, como buscando las palabras más adecuadas—. Hay momentos en los que, por determinadas razones, me siento ofendido y tengo la tentación de reaccionar ofendiendo. En ese caso la norma innegociable debe ser: ¡guarda silencio!, ¡muérdete la lengua! El silencio es un amigo que jamás traiciona. Cuando tienes el impulso de hablar para ofender recuerda que: «La palabra es plata, pero el silencio es oro».[1]

»No subestiméis nunca el poder de las palabras; son dardos que podemos impregnar bien con el elixir de la vida o con el veneno de la muerte. Las palabras tienen la capacidad de matar o dar vida, de destruir o restaurar. Por eso debemos pensar muy bien lo que vamos a decir».

Mi esposa se movió inquieta en su asiento; era evidente que quería decir algo, por lo que el Sabio detuvo su discurso y tendió hacia ella la mano, invitándola a hablar.

—Lo que usted dice me hace recordar unas palabras de mi madre, un consejo que nos repetía mucho: «Hija, antes de hablar asegúrate de que aquello que vas a decir sea más bello y constructivo que el silencio».[2]

—Tu madre debe ser una mujer muy inteligente —elogió—. Quien administra bien sus palabras es sabio. Los antiguos romanos —se detuvo dubitativo y meditó un instante acariciándose la barbilla—, ¿o tal vez proceda de un proverbio chino?... no estoy seguro, el caso es que decían que hay dos cosas que no se pueden recuperar, la flecha lanzada y la palabra pronunciada.

»Cuando hablamos movidos por la furia del momento, las frases surgen con precipitación y nada calculadas, en consecuencia suelen ser destructivas —prosiguió. Hizo una brevísima pausa que nos ayudó a asimilar la enseñanza y continuó—. Es difícil componer un

> No subestiméis nunca el poder de las palabras; son dardos que podemos impregnar bien con el elixir de la vida o con el veneno de la muerte. Las palabras tienen la capacidad de matar o de dar vida, de destruir o restaurar.

discurso coherente basado en el dolor. Siempre que hablamos cuando nos sentimos heridos nuestras frases hieren; las palabras que se cocinan en el caldo del dolor, provocan dolencia. Luego, una vez lanzado el discurso emponzoñado, solemos reparar en que cometimos un error e hicimos daño, pedimos perdón e intentamos restituir el mal provocado. Normalmente la herida sana, pero a veces la cicatriz permanece por mucho tiempo, en ocasiones toda la vida.

»Por eso insisto en que un principio clave en la comunicación es el siguiente: *Tan importante como saber hablar es saber guardar silencio*».

En medio del enfado es difícil construir un discurso coherente. Las palabras pronunciadas cuando sentimos dolor suelen provocar malestar. Las heridas producen cicatrices que pueden permanecer toda la vida.

Me pareció muy importante lo que el Sabio nos decía, por eso me empleé a fondo en la tarea de tomar notas en un cuaderno azul que había comprado expresamente para esos encuentros.

—Es muy interesante lo que nos cuenta —comentó mi mujer—. Reconozco que me causó algo de decepción cuando nos dijo que hablaríamos sobre la comunicación, pero al escucharle ahora veo que se trata de algo realmente importante.

—Y práctico —añadí yo—. Es importante y muy práctico. Podemos aplicarlo perfectamente a nuestro vivir diario.

PRINCIPIO CLAVE EN LA COMUNICACIÓN

Tan importante como hablar es saber guardar silencio.

CAPÍTULO 7

Cómo detectar el «código» en el que llega el mensaje

—**M**e alegra que penséis eso porque hay muchos asuntos más que debemos comentar alrededor de esta columna. Por ejemplo, cuando hablamos de comunicación, una cosa fundamental que debemos entender es que *hay diferentes códigos que impregnan el mensaje.*

Y ante nuestro gesto de desconcierto el Sabio explicó:

—En todo acto de comunicación intervienen varios elementos. Los más conocidos son el emisor, el mensaje y el receptor. Pero hay otros que, aunque menos conocidos, son igualmente importantes. Me refiero al código y al canal.

Ese tema me resultaba familiar porque lo había abordado durante mi etapa de estudiante; con la misma intensidad con que odiaba las matemáticas amaba la lengua y la literatura, que siempre fueron mis asignaturas favoritas. Nunca se me hubiera ocurrido pensar, sin embargo, que volvería a repasar esos detalles en una sesión de consejería familiar.

La voz del Sabio emuló a la de un docente experimentado cuando dijo:

—Se conoce como código al conjunto de signos y normas con los que se construye el mensaje.

—¿Se refiere usted al idioma? —pregunté.

—Solo en parte —advirtió—. Es cierto que el código es, por ejemplo, el idioma, ya que para que exista entendimiento es fundamental que emisor y receptor utilicen el mismo. Si uno habla en inglés, pero el otro solo domina el español, será imposible la comunicación.

Sus palabras seguían trasladándome a mis tiempos de estudiante y, como acostumbraba a hacer en aquel entonces, ahora también tomaba notas, llenando página tras página de mi cuaderno azul.

—Pero hay un aspecto referido al código, que suele pasar inadvertido —indicó el Sabio—. Me refiero a que en todas las relaciones interpersonales, y el matrimonio es una de ellas, podemos movernos en distintos códigos físicos o emocionales que impregnan el mensaje codificándolo, casi encriptándolo y haciendo que sea más difícil interpretarlo.

—Lo siento pero me he perdido —confesé—. No acabo de entender lo que intenta decirnos.

—Alguien dijo: «Las palabras son enanos, los ejemplos son gigantes».[1] Te pondré entonces un ejemplo para que comprendas lo que intento deciros. Un día llegas a casa y Esther quiere hablar contigo, pero a ti te duele la cabeza y por esa razón le dices: «*No tengo ganas de hablar*» —dijo, guardó el silencio acostumbrado para asegurarse de que le seguíamos y continuó—. Ella escucha lo que le has dicho y a partir de ahí tiene dos opciones: tomar tu mensaje al pie de la letra o entender que viene envuelto en un código físico. ¿Qué fue lo que le dijiste?

—Que no tengo ganas de hablar.

—Exacto, y si ella no capta que hay un código físico que impregna el mensaje y que se llama *dolor de cabeza*, entonces la interpretación literal será: «Mi marido no tiene interés en hablar conmigo». Pero, dime: ¿realmente no quieres hablar con tu mujer?

—No es que no quiera hablar con ella —expliqué— solo que en ese momento no puedo hacerlo porque me duele la cabeza.

—Pero si tu esposa no lo sabe —insistió el Sabio—, interpretará que no te interesa hablar con ella y comenzará a preocuparse y a pensar que hay un problema en el matrimonio. Ahora, si sabe que el código que impregna el mensaje es el dolor de cabeza, ella hará una lectura completamente diferente: «Mi marido tiene dolor de cabeza y eso le impide que hable conmigo». El enemigo no es mi marido, sino el dolor de cabeza. ¿Qué hará entonces?

—Combatiré al enemigo —intervino Esther que hasta ese momento había estado en silencio a pesar de ser la protagonista de la historia—. Le daré un analgésico y esperaré a que se le pase.

—Correcto —elogió el Sabio.

Entonces mi mujer comenzó a formular otro supuesto:

—Cuando estoy muy decaída, él suele preguntarme qué me pasa, y mi respuesta siempre es: «*Nada, no me pasa nada*». Pero dentro de mí digo: «*Necesito que me sigas preguntando. Necesito que sigas interesándote por mí*». ¿Puede ser ese un mensaje codificado?

—Lo es —afirmó el Sabio—. Sin duda que lo es; y en ese caso no se trata de un código físico, como en el ejemplo anterior, sino de uno emocional. Si tu marido se conforma con tu respuesta, se marchará pensando: *Hoy mi mujer no está de humor para conversaciones*, pero si capta el código emocional que impregna ese mensaje, entenderá que la escueta nota que le has dirigido al decirle: «No me pasa nada», contiene una posdata escrita con mayúsculas y en la que puede leerse: «NECESITO QUE ESTÉS A MI LADO». Al darse cuenta se quedará a tu lado; tal vez ponga su brazo sobre tu hombro respetando el silencio y brindándote compañía.

Yo escribía a toda velocidad, intentando no perder detalle de los valiosos principios que estábamos aprendiendo. Esther, sin embargo, bebía cada enseñanza, registrándola en su mente, que era una auténtica esponja. El Sabio, por su parte, continuaba desgranando el importante tema de la comunicación.

—Siempre que hablamos lo hacemos desde una plataforma. Esta puede ser la alegría, o tal vez la tristeza, incluso podemos hablar desde la herida, aunque como hemos dicho, esto último no es conveniente. Pero si el receptor no se «pone en los zapatos de quien habla», le resultará muy difícil comprender el mensaje y será imposible que preste la ayuda que el emisor necesita, más bien al contrario, recibirá un mensaje distorsionado y hasta podría ofenderse con quien lo transmite.

—Creo que le comprendo —repuse—. Es difícil entender un mensaje si no se entienden las razones que lo provocan.

—Totalmente cierto —admitió el Sabio—. Cuando alguien me habla malhumorado; tengo la opción de ponerme a su altura y responderle de forma ofensiva, o puedo intentar descubrir qué razón le lleva a comportarse de esa manera. En la mayoría de los casos detrás de una persona desagradable y gruñona, hay alguien que no quiere ser así, pero que está viviendo circunstancias o sensaciones que le impiden ser de otra manera.

PRINCIPIO CLAVE EN LA COMUNICACIÓN

En la comunicación, la información puede venir codificada en una clave emocional. El emisor tiene sensaciones y sentimientos que impregnan el mensaje. Saber qué siente o cómo se siente quien habla con nosotros nos ayudará a ser mejores receptores.

—¿No es eso lo que llaman empatía? —interrogué.

—Correcto —asintió—. Empatía es la capacidad de ponerme en la piel del otro e intentar sentir como él siente. En las relaciones humanas la empatía es necesaria, pero en el ámbito del matrimonio es esencial. A diario necesito ponerme en el lugar de mi pareja, meterme en su situación y calzarme sus zapatos. De ese modo se alcanza el grado máximo de conexión.

—Alguien dijo que «una pena compartida es media pena»[2] —repuso Esther—. Es muy bueno tener al lado a una persona capaz de comprenderte y escucharte.

—Quiera Dios que tú la tengas —susurré—. Me gustaría ser esa persona.

El Sabio sonrió, era evidente que disfrutaba del brote de romanticismo que acababa de producirse en su casa. Respetó el momento y luego reanudó su discurso.

—Queda un elemento de la comunicación que tiene mucha importancia.

—El canal, ¿no es cierto? —dije anticipándome.

—¡Bravo! —vitoreó—. Veo que estás atento.

—Siempre saqué buenas notas en lengua y literatura —presumí.

CAPÍTULO 8

Cuando la voz no es el canal del mensaje

—Entonces recordarás que para comunicar un mensaje se precisa de un canal, es decir, un conducto mediante el cual transmitimos la información.

—Así es —afirmé—. Si no me equivoco el canal más común es la voz.

—No te equivocas —repuso—. Pero es importante recordar que el verbal no es el único conducto a través del cual comunicamos. Solemos pensar que hablar es la única forma de comunicar, pero la comunicación eficaz incluye muchos más elementos. *Hay poderosos mensajes que se transmiten sin usar el canal de las palabras* —dijo el Sabio.

—¿Se refiere al lenguaje gestual? —interrogó Esther.

—Ese es otro canal importante. Es más, está comprobado que la transmisión verbal, aquello que decimos, representa solo el veinte por ciento de lo que comunicamos. Hay un ochenta por ciento de información que transmitimos sin palabras.

—Un abrazo puede ser un tremendo mensaje —comentó mi mujer.

—Desde luego que sí —dijo el Sabio—. Yo considero muy importante el contacto visual: mirar a los ojos de mi interlocutor mientras le hablo. Los énfasis y matices que aportan las miradas enriquecen la conversación —él ratificaba esa verdad ofreciéndonos su mirada con la intensidad justa para, sin incomodar, captar nuestra atención—. Antes me dijisteis que habláis bastante entre vosotros y eso es muy positivo, pero decidme, ¿llega a producirse la comunicación? El objetivo de esta es que las personas implicadas en una conversación lleguen a participar de lo mismo y mientras eso no ocurra no es correcto decir que hay comunicación.

El Sabio quiso ser concreto.

—Pongamos el caso, bastante común, en que uno habla mientras que el otro lee el periódico. Ese es un ejemplo de «no comunicación».

Recordé entonces la multitud de ocasiones en que mi esposa me había reprendido por mi costumbre de estar pendiente de mi iPhone mientras comemos. Ella intenta hablarme, pero yo estoy enfrascado en los correos electrónicos o en la lectura de algún documento y la ignoro completamente.

Sentí un cosquilleo de culpabilidad, mientras la voz del Sabio seguía resonando.

—Es posible estar reunidos sin estar unidos y hablar sin escucharnos. Podemos tener a toda la familia junta mirando el televisor; unos y otros comentan sobre temas diversos, pero ninguno conecta con la esencia de lo que los demás intentan transmitir. Eso es hablar, pero no es comunicarse.

Otro golpe bajo; una elocuente imagen ocupó mi mente: yo gastando horas ante el televisor, mirando embobado la pantalla y mi esposa diciendo: «Pero, ¿me estás escuchando? Acabo de decirte algo importante».

Juntos, pero distantes, reunidos, pero no unidos.

—Miraos el uno al otro cuando habláis; conectad con los ojos y no solo con las palabras. Eso es comunicación —concretó el Sabio.

—«El que no comprende una mirada tampoco comprenderá una larga explicación»[1] —casi lo susurré.

—Es una buena aportación —dijo el Sabio expresando su aprecio por mi intervención.

—No es un pensamiento mío —reconocí.

—No importa, sigue siendo útil. Enseña la gran verdad de que las miradas contienen grandes mensajes. Por eso es importante el contacto visual con nuestro interlocutor. No es solo un gesto de cortesía, da una profundidad especial a la conversación. Lucía era una enamorada del lenguaje gestual y afectivo —su voz adquirió un matiz tan íntimo que tuvimos que inclinarnos para escucharle—. Posaba su mano en la mía mientras me hablaba; acariciaba mi rostro mientras me decía: «No te preocupes, todo saldrá bien». Presionaba mi hombro o me atraía hacia ella cuando me preguntaba: «¿Qué tal te fue el día?» —se detuvo de pronto y casi se sonrojó—. Perdón, ¿os dais cuenta?, ya estoy otra vez con mis dichosos recuerdos.

—No tiene que disculparse —señaló mi mujer—. Lo que dice es muy hermoso.

—Lo cierto —concluyó el Sabio— es que el lenguaje no verbal añade garantías de que habrá comunicación.

El contenido de la disertación podía parecer un poco cursi, pero distaba mucho de serlo. Lo que el Sabio decía era inspirador y eficaz. Yo iba percibiendo que la verdadera comunicación había sido un elemento muy ausente en nuestro matrimonio.

Recordé una frase oída hacía mucho tiempo: «Un matrimonio feliz es una larga conversación que siempre parece demasiado corta».[2]

PRINCIPIO CLAVE EN LA COMUNICACIÓN

La comunicación eficaz incluye muchos más elementos que la transmisión verbal. Lo que decimos representa solo el veinte por ciento de lo que comunicamos. Hay un ochenta por ciento de información que transmitimos sin palabras. Poderosos mensajes que no se transmiten con el cauce de la voz.

La voz del Sabio, quien me miraba fijamente, como ratificando el principio que acababa de trasladarnos, me sacó de mis pensamientos.

—Volvamos al comentario que hiciste al principio acerca de tu esposa —sonrió—. Eso de que no se calla ni debajo del agua.

—Lo siento —sentí el rubor quemando mis mejillas—. No debí ser tan impertinente...

—Bueno —repuso con simpatía—, al menos tu impertinencia nos permite hablar de un aspecto de la comunicación que es necesario tener en cuenta. Me refiero al hecho demostradísimo de que el hombre y la mujer son conversadores muy distintos.

—¿Conversadores muy distintos? —pregunté, porque no comprendí muy bien que quería decir.

CAPÍTULO 9

El hombre y la mujer son conversadores muy distintos

—Eso fue lo que dije —repuso el Sabio—. Y es fundamental ser conscientes de lo diferente que son el hombre y la mujer en lo que se refiere a la comunicación.

—Sigo sin comprender—admití.

—Intentaré explicároslo.

El anciano se rascó ligeramente cabeza, como siempre hacía cuando se concentraba al máximo en busca de las frases más adecuadas. Era un gesto tan típico en él que me pregunté si la fricción de los dedos sobre el cráneo potenciarían la sabiduría.

—Recuerdo unas palabras de Pilar García Mouton —dijo, por fin—, doctora en Filología Románica en la Universidad Complutense de Madrid:

Hombres y mujeres hablamos de forma diferente. Los hombres van al grano, las mujeres se extienden en los detalles; ellos tienen un estilo informativo, ellas emocional; para ellos, hablar es sinónimo de problemas, para ellas de solución. Ellas verbalizan sus problemas y, de alguna manera, parece que los resuelvan al contarlos. En cambio, para los hombres, la comunicación suele tener una función eminentemente práctica. Tienden a ser concisos y concretos y a no hablar de sus sentimientos.[1]

—¿Tan diferentes somos?

—Como lo oyes —le respondió el Sabio a Esther—. Beatriz López Medina, otra estudiosa de los comportamientos humanos, asegura que las mujeres utilizan un mayor número de palabras que los hombres, ¡imagínate! —exclamó—, hay estudios que revelan que la mujer emplea 20,000 palabras al día, mientras que los hombres utilizan solo 7,000.

—¡Menuda diferencia! —ahora fui yo el asombrado—. Usamos menos de la mitad de palabras que las mujeres.

—¿No es un poco exagerado el resultado de ese estudio? —quiso saber Esther.

—Sospecho que no —opinó el anciano—. Solo hay que mirar la forma en que hombres y mujeres describen cualquier situación, por ejemplo, el relato de cómo les fue en la jornada. La mayoría de los varones tenemos la capacidad de responder a una pregunta tan amplia como: *¿Qué tal te fue en el día?*, con tan solo cuatro letras: B-I-E-N. ¿Te imaginas?

En ese punto el anciano se rio. Todo un día resumido en cuatro letras. Mi esposa también rio mientras me señalaba y exclamaba:

—¡Es él!

—Sin embargo —puntualizó ahora el Sabio—, si a la mujer promedio le preguntas: *¿Qué tal te fue el día?*...

—¡Te caíste con todo el equipo! —liberé una sonora carcajada mientras pronosticaba—: Comenzará a detallarte todo lo que ha vivido durante el día.

—Y lo hará con verdadero deleite —afirmó el Sabio—. Te dará un informe pormenorizado, recreándose en los detalles y sin dejar sin mencionar ni uno solo de los acontecimientos.

—¡Exacto! —señalé a mi esposa.

—Ahora sí que estáis exagerando —replicó Esther, levemente ofendida.

—Sí, puede que haya exagerado un poco —reconoció el Sabio—. Lo que intento destacar es que el hombre promedio es poco conversador en el hogar, mientras que la mujer suele ser mucho más expresiva y comunicativa. Al varón le cuesta trabajo entrar en detalles mientras que a la mujer le resulta difícil dejar de entrar en ellos. Ella disfruta con las descripciones detalladas en los relatos, mientras que el hombre pedirá: «¡Por favor, ve al grano!», pero ella necesita explayarse y decorar la explicación. ¿Cuál pensáis que es la clave para evitar conflictos?

—Paciencia —respondí—. Una inmensa dosis de paciencia para escuchar.

—Resignación —replicó Esther—. Una dosis gigantesca de resignación para aceptar que jamás te darán una explicación satisfactoria.

El Sabio rio con ganas al ver el debate que había originado.

—A la paciencia y la resignación yo añadiría toneladas de comprensión —siguió riendo mientras concluía—: La verdadera clave radica en que ambos, hombre y mujer, conozcan, acepten y respeten que son diferentes. Una vez logrado eso, resultará mucho más fácil satisfacer la necesidad de nuestra pareja. Aquel de los dos que sea más introvertido tratará de ser un poco más expresivo y el más locuaz luchará por ser más comedido.

—Tiene usted mucha razón —acepté—. Comprender y aceptar esa diferencia es clave.

—Y sobre todo debe prevalecer el deseo de agradar a la persona a la que amamos —añadió—. De ese modo el más expresivo respetará los silencios del que lo es menos, y este prestará atención y escuchará de forma activa a quien es más comunicativo.

El hombre y la mujer son conversadores muy distintos. La clave para que eso no dañe la relación radica en que ambos conozcan, acepten y respeten esta diferencia.

—Así que paciencia, respeto y comprensión —resumió mi esposa.

—Ahí está la clave —aseguró el Sabio.

—Ha mencionado la expresión *escucha activa* —comenté—. ¿Puede explicarnos ese concepto?

—Con mucho gusto —dijo el venerable anciano—. La comunicación eficaz tiene un alto grado de escucha activa. Por escucha activa me refiero a mucho más que oír. Se trata de poner atención a lo que nos dicen. Con frecuencia nos vemos abordados por montones de pensamientos mientras nuestro compañero nos habla. Es vital que recordemos que Dios nos equipó con dos ojos y dos orejas, pero una sola boca, lo que parece indicar que es necesario observar y escuchar el doble de lo que hablamos. Escucha activa es concentrar los cinco sentidos en aquel que nos habla. Regalar el don de nuestra atención a nuestro interlocutor, se trata de una poderosa terapia.

Comenzó entonces a recitar algo y de nuevo comprobé que aquel hombre no solo tenía un impresionante archivo de conocimiento, sino que además sabía cómo transmitirlo.

Cuando te pido que me escuches y comienzas a darme consejos, no me estás dando lo que te pido.

Cuando te pido que me escuches y empiezas a decirme que no debería sentirme así, estás ahogando mis sentimientos.

Cuando te pido que me escuches y sientes que tienes que hacer algo para solucionar mi problema, me fallas. Aunque te parezca extraño.

Cuando te pido que me escuches, te pido simplemente eso: que me escuches. El único don que preciso en ese momento, es el de tu atención.[2]

PRINCIPIO CLAVE EN LA COMUNICACIÓN

El hombre promedio articula 7,000 palabras al día, mientras que la mujer promedio pronuncia 20,000 palabras en una jornada. Conocer, comprender y respetar esta diferencia evita conflictos y apacigua posibles hostilidades, evitando que se conviertan en guerras.

—Y es conveniente recordar —puntualizó el Sabio—, que en esto de la comunicación no deberíamos tener áreas restringidas.

—¿A qué se refiere? —quise saber.

—Me refiero a que la comunicación en el matrimonio debe incluir todo lo que sea importante para ambos, sin tabúes ni reservas —y añadió—, me refiero a que debemos tener la suficiente virtud como para comunicar a nuestro compañero cómo nos sentimos, qué necesitamos y qué expectativas tenemos.

CAPÍTULO 10

Hablar de todo lo que sea importante para ambos

—N o sé si le entiendo...
   Mi gesto de duda le animó a ser más concreto.

—Con frecuencia no somos demasiado explícitos con nuestra pareja con respecto a las necesidades que tenemos y, lo cierto es que, como dijo Abraham Maslow, todos los seres humanos tenemos las mismas necesidades pero no todas las necesidades tienen el mismo rango.

—¿Maslow? ¿Se refiere a ese neoyorkino que dedicó gran parte de su vida a estudiar el comportamiento de los monos?

—El mismo —aceptó—. Maslow descubrió que hay una jerarquía de necesidades que todo ser humano debe satisfacer y un grado en el cual precisa verlas satisfechas...

—Por ejemplo... —interrumpí al recordar lo que había estudiado al respecto— respirar y comer son dos necesidades básicas, pero la necesidad de respirar es más acuciante que la de beber agua.

—Y la necesidad de beber agua es más acuciante que la de comer —añadió el anciano—. Pero existen también una serie de necesidades emocionales que debemos atender, y cuando no lo hacemos se generan determinados trastornos en la persona.

—Tuve la ocasión de estudiar la pirámide de las necesidades de Maslow —afirmé—. No todos coinciden con él, pero reconozco que es un buen punto de partida para estudiar la conducta humana.

Entonces enumeré las necesidades que Abraham Maslow contempla en su estudio:

—En la base de la pirámide se encuentran las necesidades fisiológicas, después está la necesidad de seguridad, por encima de esa se encuentra la necesidad de amor y de compañía, luego se sitúa la necesidad de reconocimiento y finalmente la de autorrealización.

—¡Bravo! —el Sabio no escatimaba sus elogios, aun más, noté que disfrutaba reconociendo los aciertos de los demás—. ¿Y dices que soy yo quien tiene una memoria prodigiosa?

—Estoy impresionada —reconoció Esther. Yo me sentí muy halagado—. Nunca había oído hablar de ese tipo, ¿Maslow? En mi vida lo había escuchado y me impresiona que conozcas su teoría. ¡Eres un *crack*![1]

—Gracias —respondí con sinceridad, dentro de mí fluía una sensación muy agradable.

Era evidente que el Sabio gozaba con esos momentos de armonía en nuestra relación. Nos miró con una sonrisa radiante y luego dijo:

—Aunque todas son necesidades comunes al género humano independientemente de cuál sea su sexo o cultura, lo cierto es que el grado en que las apreciamos cambia dependiendo de que uno sea hombre o mujer. Por ejemplo, la necesidad de la mujer en lo que concierne al amor, al cariño y la pertenencia suele ser más acuciante que la del varón. Para ella tienen una enorme importancia gestos tales como un abrazo, un beso, que él sostenga su mano entre las suyas, una palabra de amor.

—¿Y el varón? —pregunté—. ¿Cuáles son sus necesidades más acuciantes?

—Las prioridades del hombre suelen concentrarse en el área de la admiración, el respeto y el prestigio. Hay una máxima con la que, al menos en parte, estoy de acuerdo: «La mujer, cuando se siente amada, se siente respetada. El hombre, cuando se siente respetado, se siente amado».

—Aunque en el fondo tanto él como ella necesitan de respeto y amor —señaló Esther.

—Es cierto —admitió el Sabio—, pero insisto en que no podemos ignorar que lo necesitan en dosis diferentes. Él, por lo general, tiene mayor anhelo de prestigio. Cando su mujer le admira y respeta, se siente más seguro y realizado. Ella tiene más acentuado el deseo de sentirse amada, deseada y protegida.

> La mujer, cuando se siente amada, se siente respetada. El hombre, cuando se siente respetado, se siente amado.

—Volvamos al tema que nos ocupaba —recomendó el Sabio—. Todo ser humano tiene necesidades reales, algunas de las cuales pueden verse satisfechas a través de su cónyuge. El problema radica en que son pocos los que expresan de forma franca esa necesidad, sea de afecto, cariño, respeto, admiración o de intimidad sexual. ¡La mayoría no reclama su necesidad con total sinceridad! Sin embargo, la ausencia de esos gestos les provoca daño, y ese daño, sostenido el tiempo suficiente, puede generar decepción y resentimiento. Debemos transmitir con franqueza y humildad qué es lo que necesitamos y esperamos. Puede ocurrir que uno de los dos precise de mayor frecuencia en los encuentros sexuales, pero no tiene la libertad de solicitarlo, bien porque le parezca humillante o por no querer agobiar a su pareja, e incluso porque le parezca algo sucio pedir a su cónyuge más intimidad sexual —meditó un instante—. Pero la sexualidad en el matrimonio es una de las grandes bendiciones que Dios ha provisto, por lo que haremos bien en disfrutarla con libertad y transparencia.

—Así que debemos ser sinceros y transparentes al manifestar nuestras necesidades —concreté.

—No puedo estar del todo de acuerdo —era Esther, y me alarmó detectar cierto desafío en su mirada cuando añadió—: Hay necesidades que saltan a la vista. Mi marido sabe de sobra que yo necesito que sea más cariñoso y expresivo conmigo, pero se niega a serlo.

¿¡Cómo!? ¿¡Estaba acusándome!? La reacción de Esther me pilló completamente por sorpresa. Esa forma de exponer a bocajarro algo que yo consideraba del ámbito estrictamente privado me dolió y ofendió. La miré indignado, pero lejos de intimidarse continuó:

—No es nada cariñoso, y él lo sabe, como sabe también que yo necesito que me exprese su cariño.

Con su mano me señalaba a mí, pero su mirada iba dirigida al Sabio que, supongo que consciente de mi incómoda situación, le preguntó a Esther:

—¿Por qué supones que él lo sabe?

—Porque lleva doce años viviendo conmigo —respondió escuetamente.

Respiré profundamente, intentando neutralizar el arranque de furia que nacía en mis entrañas, pero no lo conseguí. Algo hervía dentro de mí. Un volcán de indignación, localizado en algún lugar en mis entrañas, inició su erupción. Olvidé de golpe todos los principios aprendidos, incluyendo el de no hablar cuando sabemos que vamos a ofender. Me dejé llevar por mis impulsos y decidí intervenir con espíritu revanchista:

—Punto número uno: ignoraba que necesitases que yo fuera más expresivo en mi cariño hacia ti. No recuerdo que alguna vez me lo hayas pedido y habría agradecido que me lo hubieras comentado en la intimidad en vez de hacerlo de este modo —hablaba con sequedad—, pero como parece que es ahora el momento de abordar los temas que nos inquietan, quiero aprovechar para confesar —dije mirando al Sabio— que no estoy nada satisfecho con la sexualidad que vivo en mi matrimonio. Me parece escasa, tanto en la frecuencia como en la calidad.

Mantenía la mirada fija en mi esposa y sosteniéndola mantuve un silencio desafiante. Asunto concluido. Venganza consumada.

Pero una duda me embargaba, si mi revancha se había ejecutado, si me había desquitado de la ofensa, ¿por qué ese sabor agrio que impregnaba el paladar de mi alma? ¿Por qué no me sentía bien? ¿Acaso no era satisfactoria la venganza?

Algo me decía que lo que acababa de hacer no era bueno ni para mí ni para Esther ni para nadie, y pude corroborarlo de inmediato, al ver el estado en que quedó mi mujer. El rubor tiñó su rostro de tal modo que sus mejillas se asemejaron a dos tomates maduros. Me miró con la boca abierta por la sorpresa, la vergüenza y el asombro.

Yo, en vez de cohibirme y arredrarme por los incómodos sentimientos que tenía, decidí consumar el desquite:

—Lo que acaba de oír es la verdad —ratifiqué mirando al Sabio—. Nuestras relaciones sexuales son poco frecuentes y nada satisfactorias.

Mi mujer permaneció muda. Agachó la cabeza y se mantuvo con los ojos fijos en la puntera de sus zapatos. Avergonzada... totalmente avergonzada.

—¿Le habías manifestado esa necesidad a tu esposa alguna vez? —quiso saber el Sabio.

—La conoce de sobra.

—¿Estás seguro? —me dijo el anciano con una mirada que me intimidó.

Dudé un instante qué responder. Respecto a lo que no tenía ninguna duda era de que había obrado mal avergonzando a mi mujer de esa manera.

—Le escucho —dije con tono sombrío.

—¿Se lo habías dicho? —insistió con firmeza y determinación—. Dime, ¿alguna vez le manifestaste a tu mujer esa necesidad?

—Nunca —admití.

El Sabio suspiró. Lo hizo lenta y profundamente, mientras nos miraba con lo que me pareció una inmensa tristeza. Nunca había visto sus ojos tan empañados por el pesar.

—Uno de los peores juegos en el que puede entrar un matrimonio es en el de las adivinanzas —dijo—. Suponer que él o ella saben. Creer que la persona con la que vivo debe conocer qué necesito, cuándo lo necesito y en qué medida lo preciso. Me muestro enfadado y si me pregunta la razón, le respondo: «*Lo sabes de sobra*».

»¡Tal vez no lo sepa! —hablaba con vehemencia; diría que incluso con enojo—. ¡Tal vez nuestro cónyuge desconozca esa necesidad que tenemos y que no le decimos por pudor, orgullo o porque suponemos que debería conocer de sobra! El juego de las adivinanzas es destructivo para la relación».

«Jugar a las adivinanzas», presuponiendo que mi pareja sabe lo que yo necesito, y ofendiéndome si no me satisface, es peligroso. No es un juego, sino un riesgo. Es mucho más honrado y acertado expresar con toda claridad mis necesidades y expectativas.

Ocurrió de repente, volví a mirar a Esther y la culpabilidad descendió sobre mí como una gruesa manta que me asfixiaba. Una sensación agobiante, mezcla de culpa, pesar y preocupación, me hizo sudar copiosamente. Allí seguía ella, con la mirada fija en el suelo. Me sentí como un villano capaz de hundir a quien más quiere con tal de ver satisfecho su orgullo. Me aproximé a Esther.

—Lo siento —le dije intentando tomar su mano—. Perdóname.

Ella la apartó con energía, como movida por un resorte. Incluso retiró su silla, alejándose de mí.

La sensación de ahogo creció. Esa distancia me asfixiaba. Aunque nuestros asientos distaban apenas medio metro, la lejanía de nuestros corazones podía medirse en años luz y el culpable era yo; con mi actitud estúpida y mi ego exacerbado, había provocado esa distancia. De acuerdo que ella fue la primera en compartir con el Sabio una confidencia que me dejaba a mí en mal lugar, pero lo mío había sido mucho peor. Mis comentarios habían sido vergonzosos.

Mientras Esther mantenía sus ojos fijos en el suelo, yo clavé los míos en el Sabio. Mi mirada era un ruego para que interviniera deshaciendo el entuerto que yo había provocado.

Para mi alivio él asintió con la cabeza. Supe que intentaría ayudarme.

PRINCIPIO CLAVE EN LA COMUNICACIÓN

La comunicación en el matrimonio debe incluir hablar con franqueza y en privado de todo lo que sea importante para ambos, sin tabúes ni reservas. Debemos tener la suficiente honradez para comunicar a nuestro(a) compañero(a) cómo nos sentimos, qué necesitamos y qué expectativas tenemos con nuestra relación.

Cuarta parte

La relación con mi familia

Cómo tratar con mis emociones cuando han sido heridas

El ambiente estaba tan cargado de tensión que casi podía palparse. El rostro de Esther era una mueca de pura furia y el mío una caricatura de preocupación.

El anciano habló y sus palabras rasgaron la nube de hostilidad como un cuchillo:

—Hay un aspecto crucial para la salud de una relación y es la forma en que tratamos con nuestros sentimientos cuando han sido heridos por nuestra pareja.

Noté que mi esposa levantó la cabeza, mirando al anciano con cortesía, pero poniendo mucho cuidado en no mirarme a mí.

—Cuando nuestro cónyuge se comporta de forma inadecuada y daña nuestras

> Un aspecto crucial para la relación es la forma en que tratamos con nuestros sentimientos cuando han sido heridos por nuestra pareja.

emociones, solemos tomar una de estas dos opciones: *Explotar de ira* o *explotar la ira.*

El sabio escribió ambas frases en un folio y lo giró hacia nosotros para que pudiéramos leerlo.

—Miremos esta primera opción —destacó el enunciado «explotar de ira»—. ¿Qué es explotar de ira? Alguien nos ofende y perdemos el control. Si él nos gritó, nosotros gritamos más. Si nos hirió con palabras, buscamos otras más hirientes para devolverle el daño. Es una forma de sacar la indignación que nos quema... —guardó un instante de silencio. Una pausa para darnos la opción de meditar, y concluyó—. Después de explotar, tal vez nos sintamos algo más tranquilos. Hemos volcado nuestra agresividad en el ofensor y eso produce cierto alivio, pero os aseguro que la sensación es totalmente engañosa. Es una falsa satisfacción. Lo cierto es que a nuestro alrededor hemos sembrado destrucción y eso no satisface sino que engaña. Puede que hayamos ganado una batalla pero hemos perdido la guerra y esa efímera victoria tampoco saldrá gratis; con toda seguridad nos habremos desprendido de mucho en el empeño de vencer en esa escaramuza, algunas de esas cosas son realmente valiosas. Dejaremos una relación rota, sensibilidades afectadas y heridas abiertas. *Explotar de ira siempre es un error.*

»Toda sentencia pronunciada con furia, mata en vez de dar vida; no construye, sino que destruye; no resuelve, sino que complica.

»Definitivamente *explotar de ira* es una forma errónea de enfrentar una crisis».

—Supongo —me aventuré a decir—, que la opción correcta será entonces la segunda.

—Veámosla —con su lapicero tachó la opción explotar de ira y subrayó la frase explotar la ira—. Si la primera consistía en reaccionar de inmediato a la ofensa y sufrir un estallido de emociones negativas, la segunda, *explotar la ira*, consiste en que guardo la ofensa en la mente, la atesoro en el corazón y espero la ocasión para resarcirme. Alguien dijo: «La venganza es un plato que se sirve frío».[1] Así que el ofendido custodia el daño que su cónyuge le infringió y cuando el rival, porque la ofensa guardada convierte al otro en rival, menos lo espera, ejecuta la venganza. Hay personas capaces de guardar una ofensa durante meses y sacarla a relucir en los momentos más inoportunos. Por ejemplo, el marido o la mujer que se desquitan negando a su cónyuge la intimidad sexual cuando él o ella la buscan. «¿Te acuerdas de lo que me dijiste e hiciste la semana pasada? Pues ahora no quiero estar contigo».

—Me imagino que eso no alivia la tensión matrimonial —opiné.

—La venganza y el revanchismo nunca aportan alivio ni nada positivo. Jamás. Por el contrario, son dinamita en la estructura del matrimonio. Y, aludiendo al ejemplo concreto que os he puesto, convertir la intimidad sexual en un arma arrojadiza; no solo no ayuda sino que provoca daño a la relación y abre la puerta a determinados peligros. Un cónyuge que se siente despechado y rechazado es más vulnerable a la tentación.

—¿Está usted justificando la infidelidad? —se alarmó Esther.

—De ninguna manera —reaccionó el anciano de forma contundente—. Nunca justificaré una traición de ese tipo. Solo estoy advirtiendo que es un gran riesgo convertir la sexualidad en un arma de desquite.

—Nunca es buena la venganza —recalqué.

—A veces toma otras formas, como negar ayuda y compañía al cónyuge por algo que nos hizo, o reprocharle en público, o humillarle delante de las amistades sacando sus trapos sucios o sus flaquezas. Sea cual fuere la cara que adopte, la venganza siempre da frutos amargos, es como el óxido en el cascarón de un buque, termina por pudrir la estructura y abre vías de agua que hunden la embarcación.

Esther y yo estábamos pensativos. Asimilando cada una de las palabras, constatando que en la carcasa de nuestro matrimonio había superficies oxidadas.

El Sabio no era ajeno a nuestros pensamientos y emociones. Tal vez por eso quiso introducir un comentario más liviano y distendido.

—En una ocasión un hombre vino buscando consejo y me dijo a bocajarro:

«Ayúdeme, por favor, mi esposa es histórica».

«¿Histórica?» —interrogué—. «Querrá usted decir que es histérica».

«Eso también; pero lo peor es que es histórica, porque cuando se enfada conmigo empieza a reprocharme: "¿Recuerdas aquello que me hiciste en el mes de febrero del año 1993? ¡Pues no lo he olvidado!"».[2]

Reímos con la anécdota y él aprovechó para concluir la disertación:

—Atesorar una ofensa en el corazón es equivalente a dar cobijo a un cáncer. Terminará por matarnos. Lo mejor es extirparlo, sacarlo de nosotros rápidamente y con toda determinación.

—Entonces, explotar de ira y explotar la ira, son dos opciones malas —era Esther, y me alegró mucho que interviniera, lo interpreté como un síntoma de que comenzaba a sacudirse la vergüenza que había pasado por mi culpa—. Sin embargo, usted nos dijo que debemos sacar a la luz nuestras emociones y sentimientos.

—Correcto —aceptó el Sabio—. Las emociones heridas deben exponerse para que sean sanadas, pero conviene seguir un protocolo en el que se contemplen el qué, el cómo y el cuándo. Dejadme que os explique.

Volvió a coger su bolígrafo de tinta verde. El color de la esperanza, pensé, la esperanza de ver nuestra relación restaurada.

Tomó el anciano una de las hojas que acostumbraba utilizar, ya usada por una de sus caras y escribió los tres enunciados para enseguida explicarnos:

—El primer punto es «el qué». ¿Qué hacer cuando nos han herido? Lo correcto es confrontar al ofensor, es decir, hacerle saber que nos hizo daño. No es mejor guardar la herida, pues terminará por infectarse y el daño será mucho mayor. Insisto, debemos sacar a la luz aquello que nos afectó y detallar de forma concreta por qué razón nos hirió, pero esta es solamente la primera parte del proceso.

»El segundo paso es "el cómo". ¿Cómo confrontar al ofensor? Debemos hacerlo con respeto y erradicando todo ánimo revanchista. Buscando aclarar la situación y poner los medios para que quien nos hirió no vuelva a hacerlo. Es muy importante abordar este paso con sosiego y serenidad, no exaltados. El objetivo no es herir a quien nos hirió, sino sanar nuestra herida.

»Por último, debemos dilucidar "el cuándo". ¿Cuál es el momento propicio para confrontar? Este punto es decisivo. El tiempo y la ocasión en que lo haga determinarán la eficacia de todo el proceso. Debo llevarlo a cabo cuando esté seguro de que seré capaz de controlar mis emociones. Cuando tenga la garantía de que podré exponer mis sentimientos sin dejarme llevar por ellos. Cuando sea el jinete que controle al caballo de mis emociones.

»Eso puede implicar un tiempo de espera, que lo que me hicieron en este momento sea confrontado un poco más adelante. Cuando la aguja del enfado está en la zona roja es seguro que diré cosas erradas; debo dejar que las emociones se enfríen, pero no debo esperar tanto como para que la aguja se vaya al otro extremo y la ofensa se congele. Cuando el enfado se congela, se convierte en rabia helada. Súbitamente ya no podemos hablar del problema, ya no tenemos nada que decir, y todo eso da lugar a la amargura congelada.

»Lo importante no es la inmediatez, sino la eficacia. La precipitación es un enemigo acérrimo de la paz en la familia. Pero no debemos esperar en demasía.

»Eso es comunicar sentimientos y emociones con ánimo constructivo, no destructivo. Una vez que se ha confrontado la situación y pedido disculpas por las ofensas, y ambos han hecho un firme propósito de no repetirlas, el asunto se olvida. Prohibido volver a echarse en cara aquellos errores que se disculparon; prohibido revolver la basura. Prohibido desenterrar heridas y errores del pasado. Todo ha sido perdonado y cubierto por un grueso manto de disculpa».

Explotar de ira y explotar la ira son dos formas erróneas de tratar con las emociones heridas. La clave está en abordar la ofensa sin ánimo revanchista, confrontando al ofensor con franqueza pero con espíritu perdonador.

—Creo que tenemos mucho en que pensar —dije tomando la mano de mi esposa. Y para mi alivio ella lo admitió.

—En el oficio de pelearse y la maestría de hacer las paces —comentó el Sabio guiñándonos un ojo al ver que nuestras manos volvían a estar unidas y entrelazados los dedos.

El anciano miró el reloj y se incorporó exclamando:

—¡Es tardísimo! Lo siento mucho, dije que no eran buenas las sobredosis y, sin embargo, os he dado un verdadero atracón.

—¡No diga eso, por favor! —replicó Esther—. Los principios que nos ha enseñado son muy importantes y le estoy muy agradecida.

—Entonces, si no os he matado de aburrimiento y estáis dispuestos a seguir aguantándome, ¿os parece que la próxima semana nos veamos el miércoles? Tengo en mente otras columnas que pueden ser útiles para consolidar el edificio de vuestro matrimonio.

—Me encantará —aceptó mi esposa.

—Gracias por su tiempo y su ayuda —dije con toda sinceridad.

Hicimos el camino de regreso en silencio. No separamos nuestras manos desde que salimos de casa del Sabio y, de pronto, caí en cuenta de que había pasado muchísimo tiempo desde la última vez que nos concedimos un rato para pasear a solas.

Me pareció en ese instante que, al caminar uno junto al otro y sin hablar ni una palabra, estábamos comunicándonos muchos mensajes. Lo que decimos, recordé, representa tan solo el veinte por ciento de lo que comunicamos. Y me embargó la convicción de que el calor de su mano, de la mano de Esther en la mía, era un delicioso mensaje.

Palabras bellas y sentencias reconfortantes, decididamente bellas, parecían penetrar por mis dedos y escalar por los brazos hasta asentarse en mi corazón.

Un paseo a solas por el parque. Algo tan sencillo, pero tan intensamente restaurador. No es necesaria una gran inversión para tener un gran momento. Saboreando la quietud de la tarde en un sencillo parque de barrio, me di cuenta de que la armonía, la comprensión, el respeto y el amor suponen un patrimonio incalculable para la familia. Si estos faltan, el lujo que pueda rodearnos no aportará nada. Por el contrario, un lugar humilde inundado por la magia de la armonía y la comprensión, puede brillar más que un palacio.

—Nuestro amor puede durar para siempre —susurró Esther—; será posible si así lo queremos los dos.

—¿Cómo dices? —no lo había escuchado bien.

—Digo que si hay algo por lo que vale la pena luchar es por nuestro amor —la emoción multiplicada quebró su voz—. No será fácil, pero será posible si los dos queremos.

Acentué la presión de mi mano en la suya, solo fue un poco, pero suficiente para transmitirle que se trataba de un pacto: en esa causa lucharíamos juntos y juntos alcanzaríamos la victoria.

CAPÍTULO 12

Cómo enfrentar las crisis vitales

Estuvimos más de una hora paseando por el parque, luego nos encaminamos a casa, felices y relajados.

Fue delicioso percibir que en mi interior resucitaban sentimientos casi olvidados mientras me embargaba una sensación próxima a la paz. Una expectativa gozosa me alentaba a mirar al futuro incluso con ilusión. ¡Hacía tanto tiempo que no sentía algo así! Por desgracia la placentera sensación duró poco. Los efluvios de esperanza se disiparon cuando nada más entrar al portal vimos un sobre que asomaba en el buzón. Cuando tiré de él pude apreciar el membrete oficial que ostentaba en la esquina superior derecha.

—Es una carta del banco —adivinó sin dificultad mi mujer.

—No puede ser bueno —pronostiqué—, sabiendo el estado de nuestra cuenta, no traerá buenas noticias.

Acerté. Con un estilo frío y oficial, propio del lenguaje administrativo, apenas entendible, se nos informaba de un sobregiro en nuestra cuenta que estaba generando intereses negativos.

Traduciéndolo a lenguaje llano: estábamos en números rojos y acumulando una deuda con el banco.

De inmediato comenzó la discusión.

—Te dije que depositaras dinero —me reprochó ella.

—Lo hubiera hecho —repliqué con mordacidad—, pero no me dio tiempo a pintarlo, porque lo que es tenerlo... No creo que en el banco hubieran admitido un pañuelo usado; es lo único que tengo en el bolsillo.

—¿Cómo es posible que hayas gastado todo? —me espetó entonces.

—¿Que haya gastado? —no daba crédito a lo que escuchaba—. ¿Estás diciéndome que yo he gastado todo? ¿Sabes cuánto tiempo hace que no me tomo un café fuera de casa? Disculpa, pero eres tú quien gasta.

—¿Que yo gasto? —Esther enrojeció de indignación—. ¿Sabes cuánto hace que no voy a la peluquería? Ya ni me acuerdo a qué huele el fijador de pelo que aplican allí. Ni mascarilla para el cabello uso; todo para economizar. Hace tanto tiempo que no les pongo tapas a los tacones de mis zapatos que sueltan chispas cuando camino, ¡y me dices que gasto!

Entramos en casa y Esther corrió hacia el dormitorio. Los cristales de las ventanas vibraron unos segundos a causa del golpe que produjo la puerta de la habitación cuando se encerró.

Luego todo quedó en silencio. Me senté en el sillón del salón y enterré mi rostro entre las manos. ¡Qué poco dura la alegría en la casa del pobre! La dulce armonía que disfrutábamos instantes atrás, las estimulantes sensaciones que había experimentado de regreso a casa, la ilusión ante un futuro diferente... todo se hizo pedazos a golpe de facturas. Recordé una vieja frase leída o tal vez oída: «Hasta que las deudas nos separen».

—Es imposible que haya armonía en nuestra relación mientras que no haya dinero en nuestros bolsillos —golpeé con mi puño la almohada del sillón y grité—: ¡No podemos amarnos en medio de la miseria!

De pronto, las palabras pronunciadas por el Sabio parecieron flotar en la superficie de mi conciencia: «El dinero es importante, pero no es lo que de verdad vale».

—¡Es muy fácil para ti decirlo! —casi lo escupí—. Tú no tienes un sobregiro en el banco ni te persiguen las deudas.

Me asomé a la ventana huyendo del cargado ambiente del salón. Apoyándome en el alfeizar resoplé y de mi nariz salió un aire tan caliente como el que supongo que brota por los orificios nasales de un dragón.

Muy fastidiado, me entretuve mirando a los viandantes que quedaban a esas horas de la noche. Fue entonces cuando les vi y su imagen se grabó para siempre en mi retina: se trataba de un hombre y una mujer que iban caminando por la calle y, mientras andaban, hablaban animadamente y reían. Se miraban, se abrazaban y volvían a reír. Sentí un leve escozor, algo parecido a una tenue pero incómoda punzada de envidia. Ellos estaban allí, riéndose y disfrutando, mientras que mi mujer permanecía encerrada en su dormitorio, sin querer ni siquiera verme.

En realidad, la escena de la calle habría sido completamente normal, de no ser porque aquel hombre y aquella mujer iban empujando un carrito de esos que se usan en los supermercados. Pero era obvio que no venían de hacer la compra. En el interior del carro no había bolsas con artículos sino que se amontonaba lo que probablemente eran todas sus pertenencias: un par de mantas, un termo con, tal vez, algo de comida, unas botellas de agua y alguna prenda de vestir cuidadosamente doblada. Aquella pareja tenía todo el aspecto de vivir en la calle y de llevar en el carro todo lo que tenían.

Estaba embebido en la imagen cuando otras risas atrajeron mi atención; surgían de algún lugar, un par de metros por detrás de la pareja. Tras las risas dos críos irrumpieron en la escena, un niño y una niña. La estatura delataba que se llevaban poco tiempo y su forma de reír y de hablar me hizo suponer que rondarían los diez años. Alcanzaron a la pareja y les abrazaron. Él niño abrazó al hombre y la niña hizo lo mismo con la mujer.

«Te quiero», lo pronunciaron los dos, casi a la vez; la frase flotó en el aire y se elevó, mecida por la brisa nocturna, hasta alcanzarme de lleno y posarse en mi corazón, donde sentí que me quemaba.

Padres e hijos mantuvieron unos segundos el abrazo, pude percibir tanto amor en aquel instante que lo que sucedía fue casi un destello de la vida en el cielo.

Me propuse observar la imagen hasta el final, hasta que desaparecieran de mi vista, pero lo hicieron demasiado pronto. Empujando el carrito se perdieron en la oscuridad de la plaza. Las risas tardaron un poco más en abandonar el escenario porque, aun cuando las sombras se tragaron a la familia, aquellas carcajadas cristalinas siguieron elevándose y competían en brillo con el estrellado cielo de aquella primavera madura, que ya casi sucumbía al asedio del verano.

Tan cautivado quedé que, sin poder ni querer evitarlo, salí de casa y corrí escaleras abajo. Una vez fuera casi tropecé con el operario que regaba las calles.

—Perdón —dije, desenredando mi pie de la manguera. Y enseguida me precipité hacia la plaza.

Allí estaban todavía. Los niños jugaban y retozaban como si fuera el mejor día de sus vidas.

La imagen me hizo recordar las películas en las que niñas princesas saltaban sobre sus colchones de plumas, vestidas con camisones lujosos, en habitaciones de ensueño. La escena era la misma, salvo por el decorado y el atrezo.

No había colchón de plumas, sino cartones. Ni tampoco una lujosa lámpara sobre la cabeza de los niños, sino un cielo plagado de estrellas. Los muchachos no vestían pijamas caros, sino una ropa baratísima, aunque limpia.

Pero, por lo demás, había enormes dosis de alegría no fingida.

De haber tenido que definir la escena con una palabra, esta no habría sido miseria, sino gozo. Era un gozo genuino lo que allí se respiraba.

Los niños no paraban de saltar y reían felices, mientras sus padres les observaban con una mezcla de paz e infinita serenidad.

Aprecié que la mujer dejó descansar su cabeza sobre el hombro de su marido y este se giró lo suficiente para depositar un beso en la frente de su amada.

La precariedad económica, la enfermedad y, en general, los golpes imprevistos que depara la vida, no logran tumbar al hogar que está bien arraigado.

—¿Acaso piensan dormir aquí, en el suelo? —la pregunta me salió de sopetón, sonó demasiado fuerte. No me había molestado en saludarles ni en anunciarles mi presencia, por lo que mi voz les produjo un sobresalto. Los niños cesaron de reír y sus padres me miraron con temor. Creo que pensaron que era un policía. Al reparar en que no vestía uniforme se tranquilizaron.

—Buenas noches, señor —me saludó él con cordialidad.

—Hola —respondí, y volví a insistir en la pregunta—. ¿Van a dormir aquí?

—No, estamos esperando a mi hermano, que nos llevará a su casa —respondió él, afable—. De todos modos hoy la temperatura es maravillosa, hace una noche muy templada. No me importaría dormir aquí, señaló a los niños, y sospecho que a ellos tampoco. Sería una tremenda aventura.

—¿No tienen casa?

—Ya no —replicó escuetamente.

—La tuvimos —explicó ella con mucha calma—, pero al no poder pagarla hemos tenido que entregarla.

—¿Han perdido incluso la casa?

—¿Incluso? —repitió el hombre mirándome con extrañeza—: Que yo sepa, la casa es lo único que hemos perdido.

—¿Les parece poco? —me sentía perplejo.

—¡Claro que no es poco! —admitió él—. Pero conservamos lo esencial. Tenemos salud, tenemos a nuestros hijos y sobre todo —atrajo a su mujer y la abrazó— nos tenemos el uno al otro.

—Y juntos saldremos de esta situación —añadió ella, y lo ratificó enlazando el cuello de su marido con sus brazos y depositó un tierno beso en la mejilla del hombre.

—No comprendo que puedan sentirse felices en una situación como esta.

—Todo depende del valor que demos a las cosas —su quietud era irritante—. Pero, siéntese amigo —señaló al banco de madera, como quien ofrece hospitalidad a un invitado a su casa—. Si nuestra vida dependiera de *tener*, ahora mismo estaríamos desesperados. Pero hemos descubierto que mucho más importante que *tener* es *ser*; por eso, aunque hemos perdido algo crucial, conservamos lo esencial. Se nos ha esfumado lo que teníamos, pero lo que somos está intacto, y eso tiene un valor inmenso. Apoyados en el *ser*, recuperaremos el *tener*.

—Nuestra identidad, lo que somos —aclaró ella—, no está condicionada por lo que tenemos.

—Lo que son, lo que son... —repetí exasperado—. Pero, díganme, ¿qué son ustedes? Se encuentran en mitad de la calle, aquí, empujando un carrito con todas sus pertenencias.

—¿Nos pregunta qué somos? —la serenidad de aquel hombre era digna de un trofeo—. Somos, por ejemplo, felices, y eso no depende de propiedades. Somos libres y la libertad no se adquiere a golpe de talonario. Somos un matrimonio y hemos decidido valorarlo más que el patrimonio. ¿Entiende? Nuestro matrimonio es más importante que nuestro patrimonio. O sería más correcto decir que nuestro matrimonio es nuestro verdadero patrimonio. Y, sobre todo, somos dos personas dispuestas a bendecir a nuestros hijos con el bien más preciado: el gozo de ver a sus padres unidos.

Los niños habían vuelto a saltar sobre los cartones y reían. Me mantuve sentado y no puede evitar encontrar belleza en aquella escena.

Pensé en mi esposa y también en mí, enfadados por una cuestión de dinero. Tal vez estuviéramos poniendo nuestro patrimonio por encima de nuestro matrimonio.

—Pero me imagino que no siempre habrán estado tan risueños y felices —aventuré—. Quiero decir, perder la casa, encontrarse en la calle con los hijos... No sé, uno les ve ahora y parecen los protagonistas de una película de Disney más que personas normales y corrientes. Pero tuvo que ser doloroso.

—Y aún lo es —reconoció él—. Esto no es una película, sino la vida real, y hubo dolor y lágrimas —pensó durante un instante—. Y todavía los hay —miró a su esposa y tomó su mano, como pidiéndole permiso para desvelar alguna confidencia. Ella sonrió y asintió levemente. Entonces retomó el relato de lo que habían vivido—: Al principio, cuando el desahucio era inminente, cuando metimos en cajas lo poco que teníamos e intentamos conformarnos para abandonar el apartamento en el que vivíamos, yo estaba seguro de que no lo soportaría. Me arrojé al suelo, me tapé la cabeza con una manta, grité y lloré desesperado. Me quería morir. Pero entonces ella —volvió a mirar a su esposa que, emocionada, mantenía la cabeza agachada, y creo que lloraba—, se sentó en el suelo, junto a mí. Acarició mis cabellos y me repitió varias veces: «Verás como todo esto pasa. Ya verás como saldremos adelante». «¿Cómo vamos a salir adelante?», le grité. «¡No tenemos nada!». «Nos tenemos el uno al otro», me dijo y luego lo repitió: «Todo esto pasará y saldremos adelante, apoyados el uno en el otro».

—Son felices —dije mirando a los niños que no dejaban de saltar y reír.

—Lo son —aseguró la mujer—, y tuve la certeza de que también ella lo era; su sonrisa lo delataba, fija de tal modo en su rostro que no parecía haber nada en el mundo capaz de borrarla—. Para ellos será una aventura dormir en casa de los primos. No tienen por qué vivir esto como una desgracia.

—Me parece sorprendente que se muestren tan felices —repuse señalando de nuevo a los niños—. No tienen juguetes ni teléfono móvil ni una consola de videojuegos ni...

> Es una insensatez pensar que la felicidad de unos niños puede depender de matar marcianitos en una consola de videojuegos o de redactar mensajes en un teléfono móvil de última generación.

—¿Es usted tan ingenuo como para pensar que esos artilugios dan la felicidad? —por primera vez le vi perder la calma, pero enseguida retornó a ella—: Disculpe mi insolencia, pero me parece mentira que crea que la felicidad de unos niños depende de matar marcianitos en una consola de videojuegos o de redactar un mensaje en un teléfono móvil de última generación. Mis hijos reciben cada día una enorme dosis de cariño y una ración extra de abrazos. Ni un solo día carecen de ello. Les recordamos con frecuencia cuánto les queremos y lo orgullosos que estamos de ser sus padres.

La madre asintió con vehemencia antes de intervenir.

—Siempre me gustó Gloria Fuertes. Su especialidad eran los cuentos y los poemas. ¿Escuchó usted alguna vez esa frase de ella que dice: «La mujer y el niño necesitan más cariño que leche»?[1] Cuando estos niños nos miran a los ojos pueden leer en ellos: «Siempre tendréis nuestro apoyo; nuestro amor por vosotros es incondicional».

—Y algo más —dijo el hombre—, tienen la tranquilidad y la inmensa seguridad que produce el saber que sus padres se aman.

—«Cuando te das cuenta de que quieres pasar el resto de tu vida con una persona, quieres que el resto de tu vida comience cuanto antes».[2]

—Es una frase hermosa —repuse.

—Creo que la oí en una película, pero refleja a la perfección nuestra realidad. La realidad que nuestros hijos perciben a diario.

—¿Qué más se puede pedir? —susurré.

—Todo lo demás es opcional, pero esto es esencial —afirmó el hombre.

Me mantuve contemplándoles por un largo rato, cada vez más consciente de que asistía a un milagro: tenía ante mí la esencia de la riqueza envuelta en una aparente pobreza.

Me fijé en la ropa que vestían; sencillez y pulcritud se combinaban a la perfección. Saltaba a la vista que las prendas no eran nuevas; lucían gastadas. Alcancé a ver, incluso, algún pequeño remiendo. Pero estaban limpias. Pensé en la moderna lavadora que teníamos en casa y me pregunté cómo se las arreglaría esta familia para hacer la limpieza. Los niños, pese a estar sudorosos a causa de los saltos y carreras, mostraban un cabello brillante, pulcro y casi peinado.

Un peso de convicción matizado de culpa me hizo agachar la cabeza. Aquella familia me estaba transmitiendo un mensaje que jamás olvidaría. Se confirmaba la realidad de que no es más feliz el que más tiene, sino el que menos necesita.

—¿Puedo hacer algo por ustedes? —les dije con sinceridad.

—Es usted muy amable —respondió él con cortesía—, pero no necesitamos nada. ¿Hay algo que podamos hacer nosotros por usted?

Medité un instante antes de responder:

—En realidad sí. Hay algo que pueden hacer por mí, denme, por favor, un poco de ese amor que les hace estar tan unidos.

—Eso no podemos dárselo nosotros —repuso ella riendo—. Pero búsquelo dentro de usted. Está ahí —señaló en dirección a mi corazón e insistió—, búsquelo allí adentro y seguro que lo encontrará.

—¡Ya vienen a recogernos! —dijo el hombre señalando a un coche que se había detenido cerca.

Observé cómo abrazaban los niños a quien vino a recogerles, a juzgar por el parecido con el padre podía ser su tío. Se aproximó al matrimonio y también les abrazó, primero a ella y luego a él, manteniendo el abrazo durante casi un minuto.

Permanecí absorto ante la escena, cuando se dirigieron al coche y antes de subir se despidieron de mí agitando sus manos, y mientras el vehículo se perdía en la noche, cuando lo único que alcanzaba a ver eran sus dos diminutas luces rojas traseras, e incluso cuando este giró en una esquina y les perdí definitivamente de vista. Me quedé allí bastante tiempo, meditando en lo que había visto y escuchado, era cada vez más consciente de que acababa de convivir con una familia inmensamente rica, pese a estar en la indigencia.

Mucho después regresé a casa pensativo. Nada más cruzar la puerta me fijé en la carta del banco sobre el mueble del recibidor. El documento de la discordia. Me pareció tan trivial.

Sentí que ese papel y el mensaje que transmitía tenían una ínfima importancia. Había cosas mucho más valiosas.

Recorrí el pasillo de casa reparando en cada detalle, todo lo que poseía y que no había sabido apreciar hasta ese momento: un cuadro, una lámpara, las cortinas que vestían la ventana del salón, la mullida alfombra...

¿De qué me quejaba? ¿Cómo podía estar ciego a tantos privilegios de los que disfrutaba?

Abrí la puerta del dormitorio y vi a mi esposa. Esther parecía dormida. Sentándome en la cama acaricié su cabello y susurré:

—No quiero un patrimonio. Quiero un matrimonio. Un matrimonio feliz y duradero. Solo eso. Nos tenemos el uno al otro y quiero defender este tesoro. Tú y yo, con eso es suficiente.

Si bien la tensión fue remitiendo y entre nosotros se instaló algo cercano a la armonía, aguardamos, no obstante, con verdadero anhelo nuestro próximo encuentro con el Sabio.

El miércoles irrumpimos en su casa como quien entra al hospital, anhelante de la terapia sanadora. Su cocina, como siempre, fue el lugar de encuentro. Apenas habíamos tomado asiento frente a él cuando volqué toda la carga y la angustia que me atenazaban.

—La dichosa crisis económica ha estado a punto de dar al traste con todos los avances que habíamos logrado. —Lamenté y luego añadí—: ¡Hay problemas capaces de tumbar un matrimonio!

¿Por qué se empeñaba el anciano en rebatir todos mis reproches con una sonrisa? Junto con ella llegó su argumento.

—Es cierto que algunos consideran la pobreza, la enfermedad y, en fin, los diversos problemas que nos afectan, como la causa principal de conflictos dentro de la pareja. Pero puedo aseguraros que cuando esas tempestades logran tumbar a la familia es porque el fundamento no era firme.

—Pero a veces hay verdaderos tsunamis que golpean el hogar —concreté—, puede llegar a ser insoportable no tener dinero y la presión que ejercen los bancos.

—Claro que puede llegar a serlo —aceptó—. Y esa presión puede agobiar a un matrimonio, pero no tiene por qué destruirlo. La derrota llega cuando la preocupación logra crear distancia en el matrimonio —explicó mirándonos con intensidad—. Cuando ambos deciden enfrentar la tempestad por separado. Ahí sí comienza a fraguarse la tragedia, nos encerramos en nosotros mismos y nos quedamos a solas con el problema.

Se levantó y salió de la cocina.

—¿Queréis acompañarme al salón?

Le seguimos y una vez allí nos hizo un ademán con la mano indicando que esperásemos y se marchó.

Esther y yo nos miramos extrañados. Me encogí de hombros pero, antes de que pudiera verbalizar mi desconcierto, el anciano apareció de nuevo trayendo dos paraguas. Ahora sí que no entendía nada y menos aun cuando nos entregó un paraguas a cada uno y nos invitó a que los abriéramos.

—¿Vamos a salir a la calle? —preguntó mi mujer intrigada.

—No —aclaró el Sabio sonriendo—. Además, no precisaríamos paraguas aunque saliéramos. Hace un día radiante. Pero, abridlos, abridlos, se trata solamente de otro de mis ejemplos.

Abrimos los paraguas y nos guarecimos bajo ellos. Entonces explicó:

—Imaginaos que estáis paseando, comienza a llover y cada uno abre su paraguas para protegerse de la lluvia. Al protegeros cada uno de forma independiente os distanciáis. ¿No es cierto? Lo mismo que os protege del aguacero, tocó la lona que nos cubría, impide que os acerquéis el uno al otro. Pero, ¿qué ocurre si optáis por cubriros ambos bajo el mismo paraguas?

Ninguno de los dos respondimos palabra y el anciano nos apremió:

—¡Venga, venga! Acercaos, ¿a qué esperáis?

Divertido por la premura del Sabio dejé mi paraguas en el suelo y me introduje bajo el que sostenía Esther.

Para lograr que ambos quedáramos a cubierto en el reducido espacio del paraguas tuve que poner mi brazo sobre su hombro, atrayéndola hacia mí.

—¿Os dais cuenta de que ahora la lluvia os ha unido en vez de separaros? —repitió—: ¿Veis las dos maneras de enfrentar la tormenta? ¿Podéis apreciar que ante las adversidades de la vida podemos elegir entre separarnos o unirnos? Nunca dependerá de la intensidad de la tormenta, sino de la manera como decidamos combatirla. Algunos acostumbran aislarse y volverse herméticos. Si su mujer les pregunta: «¿Qué te pasa?», ellos no responden o mienten diciendo que no les ocurre nada. Llevan su propia guerra, protegiéndose bajo su particular paraguas. Otros, por el contrario, optan por unirse bajo la misma protección y suman sus esfuerzos.

»La presión es exactamente la misma pero, al cambiar la forma de enfrentarla, el resultado será totalmente diferente. En el primer caso los problemas les separarán; en este segundo, la dificultad les unirá mucho más».

No permitamos que la preocupación nos aísle. La clave consiste en que hombre y mujer decidan enfrentar la tempestad bajo el mismo paraguas.

—¿Quiere decir entonces que las crisis no rompen matrimonios? —interrogó mi mujer.

—No tienen por qué hacerlo —había seguridad en su respuesta—. Por el contrario, he visto que los inviernos de la vida pueden fortalecer la unión entre un hombre y una mujer. Hay dos cosas que funden por igual: el fuego y el hielo. El fuego hace que dos piezas queden unidas de forma indisoluble, pero el hielo logra exactamente lo mismo. El calor de un soleado verano matrimonial une a la pareja, pero el frío de un invierno adverso sobre el hogar puede combatirse con la unidad.

—El problema es cuando la situación económica se resiente por las malas decisiones —comenté—. Me refiero a que errores que un comete y que luego te persiguen sin misericordia: compras precipitadas, cambios no meditados.

—Si esas decisiones fueron consensuadas. Si las compras se decidieron de forma conjunta, no tienen por qué afectar la estabilidad de la pareja. Todo ser humano tiene derecho a equivocarse y el deber de rectificar; pero cuando hablamos del matrimonio lo mejor es decidir unidos. Errar o acertar, pero hacerlo de común acuerdo.

»El problema aparece cuando se acometen retos financieros sin el consenso de ambas partes, entonces, si sale mal, llegan los reproches, las acusaciones y las fuertes discusiones. Es vital que haya acuerdo entre ambos. Acertar juntos y equivocarse unidos.

»Las decisiones importantes deben consensuarse. —Meditó un instante antes de aclarar—: No me refiero a que no tengáis independencia y libertad para compraros una camisa, pero retos fuertes y pasos que afectarán de manera decidida a la sociedad matrimonial, deben ser tomados en conjunto.

»No obstante, si hubo malas decisiones en vuestro pasado, no es ahora tiempo de reprocharos los errores. Es momento de mirar hacia adelante. Lo que pasó, pasó. No dejéis que vuestro pasado bloquee vuestro futuro».

Todo ser humano tiene el derecho de equivocarse y el deber de rectificar; pero cuando hablamos del matrimonio lo mejor es decidir unidos, errar o acertar, pero hacerlo de común acuerdo.

—Es muy interesante todo lo que nos dice —agradecí.

—Creo que tenemos que meditar en lo que estamos escuchando —opinó Esther.

—Viktor Frankl dijo algo muy valioso —recordó el Sabio—: «Si bien no siempre podemos escoger lo que nos toca vivir, siempre podemos elegir nuestra actitud ante lo que sucede».[3]

—Fantástica la frase —elogié.

—Mucho más viniendo de una persona que fue superviviente de los campos de concentración nazis Auschwitz y Dachau —sentenció el Sabio—. Un hombre que enfrentó situaciones realmente crueles sin permitir que le amargasen. La adversidad, lejos de agriar su carácter, lo mejoró. Decidió que no usaría el resto de su vida para lamentar su desgracia, sino para ayudar a los demás a superar las suyas. La tempestad solo tumba los edificios que están mal construidos o aquellos a los que por negligencia no se les brinda el mantenimiento adecuado.

»Creo firmemente en la afirmación de Séneca: "Ningún árbol está sólido y fuerte sino el fatigado de continuos vientos".[4] Creedme —parecía un ruego en el anciano—, he visto suficientes matrimonios que tras la adversidad resurgieron más unidos, como para creer que la tempestad no tiene por qué destruirlos. Puede hacernos más fuertes— insistió, la costumbre del Sabio de repetir todo lo que era especialmente relevante ya no me incomodaba, sino que lo agradecía, pues me ayudaba a interiorizar los fundamentos.

»Soplaron vientos, y hasta huracanes les azotaron, pero ellos decidieron apoyarse en vez de reprocharse y unirse en vez de separarse. Esa actitud les hizo salir de la gran tormenta, inseparables. Casi nada depende de las circunstancias sino de la actitud con que las enfrentamos».

Estoy seguro de que había muchas más cosas que el Sabio quería decirnos, pero el teléfono que sonaba en el salón interrumpió nuestro encuentro. Aguardamos a que regresara y lo hizo con el rostro demudado.

—Era de la residencia —nos dijo muy afectado—. Parece que Lucía se encuentra indispuesta. Lo siento mucho, chicos, pero debo ir a verla.

—Permítanos que le llevemos —dije—. No es bueno que usted conduzca preocupado.

—No, por favor, no os molesteis. Me encuentro bien.

—Pero... —Esther iba a replicar.

—Por favor —el anciano no admitía debate—. No lo toméis a mal, pero estos momentos me gusta vivirlos a solas con Lucía.

—Está bien —acepté—. Le llamaremos más tarde para que nos cuente como va todo. Si no le importa.

—Llamadme. Os lo agradeceré mucho.

CAPÍTULO 13

¡Somos demasiado diferentes! Cómo aceptar las diferencias en la pareja

P or dicha todo quedó en un susto y, cuando aquella tarde hablamos por teléfono con el Sabio, su mensaje fue muy tranquilizador. Lucía había remontado la pequeña crisis y estaba completamente estabilizada.

Esther y yo seguíamos atareados en la consolidación de nuestro matrimonio. Siguiendo los consejos del Sabio habíamos adoptado ciertas costumbres que estaban dando resultados fabulosos. Entre ellas estaba la de intentar dedicarnos un tiempo el uno al otro, alejados de la rutina y aparcando por completo las actividades y las preocupaciones.

Parte del tiempo que antes dedicábamos a ver la televisión ahora lo invertíamos en pasear juntos. Los beneficios que eso nos proporcionaba eran enormes. Ese paseo incidía en la salud del matrimonio, pero además repercutía positivamente en nuestro cuerpo. Caminar a buen ritmo tenía un efecto terapéutico sobre el organismo.

—Me siento mejor —dijo Esther—. Estas caminatas hacen que me encuentre en forma.

Había días en que nos sorprendía la noche, mientras paseábamos y charlábamos. Incluso volvimos a apreciar, hacía años que no lo hacíamos, la belleza de un cielo nocturno, lleno de estrellas, tomados de la mano y sentados en un banco.

Sin embargo, el Sabio nos había advertido que estábamos involucrados en una guerra que se compondría de mil batallas. «Que ganéis una de esas batallas, nos advirtió, no debe hacer que os relajéis. Que perdáis una, matizó, no debe hacer que os desaniméis».

Y si llevábamos unas cuantas ganadas, llegó inevitablemente el momento en que volvimos a saborear la derrota.

Todo ocurrió por una menudencia. Una simpleza de nada relacionada con diferencias de criterio. Yo planifiqué una salida al campo para el sábado y ella hubiera preferido dedicar la tarde para hacer unas compras. La discrepancia comenzó de forma leve, pero fue subiendo de grado hasta que finalmente pasamos el sábado en casa, cada uno en una habitación y sin dirigirnos la palabra.

Afortunadamente el domingo por la mañana, Esther me abrazó antes de levantarnos de la cama.

—Discúlpame, cariño —sus palabras me supieron a gloria—. Hace meses que no salimos al campo y tu plan para el día de ayer era la mejor opción. Perdóname por desbaratarlo. ¿Quieres que esta tarde salgamos al campo?

Aprendimos una lección muy importante, pero temerosos de que nuestras diferencias de carácter fueran a darnos más disgustos, llevamos el tema hasta la casa del Sabio.

—Somos demasiado distintos —intervino Esther en cuanto tomamos asiento en los taburetes de la cocina del Sabio—. Es imposible que nos entendamos.

Él nos miró. Primero a ella, después a mí, y entonces sonrió.

—Recuerdo el caso de un discípulo que se acercó a su sabio maestro y le dijo:

—Maestro, ¿cómo puedo apreciar y valorar a quien es diferente de mí?

—Mediante el proceso REM —respondió el docto anciano.

—¿Proceso REM?

—Así es —afirmó el maestro y, a continuación, explicó:

Respeta.

Enriquécete y enriquécele a partir de las diferencias.

Mantén la firme convicción de que las diferencias son puentes de conexión y no muros de división.[1]

Concluida la historia el Sabio se levantó de repente y desapareció hacia una de las habitaciones. Regresó enseguida, trayendo dos pequeñas barras de color negro y brillo metálico. Sin perder la sonrisa las depositó sobre la mesa. Debió leer en nuestros ojos la pregunta que enseguida respondió:

—Se trata de piedras de imán. ¿Sabéis que ese material magnetizado tiene lo que comúnmente se conoce como polos? —en la superficie de las barras había marcados dos signos, uno en cada extremo. El Sabio los señaló mientras descifraba—: ¿Veis esa cruz?, indica que es el polo positivo y esa otra marca, el guión que hay en el extremo opuesto, indica que es el polo negativo.

El Sabio entregó uno de los imanes a mi mujer y me dio el otro a mí. Enseguida nos pidió:

—Intentad aproximarlos lentamente, enfrentando ambos por el extremo de la cruz.

Sostuvimos los imanes con los dedos pulgar e índice, y los fuimos deslizando sobre la mesa, acercando el uno al otro, muy despacio.

Cuando los dos imanes estuvieron a unos diez centímetros de distancia comencé a percibir cierta resistencia. Se hacía un poco más difícil desplazar la piedra en dirección a su compañera.

—Cuesta más moverla —dije.

—Seguid intentándolo —indicó el Sabio—. Aproximadlas muy despacio.

—Cada vez es más difícil —señaló mi esposa—. Parece que se repelen.

—Esa es la frase exacta, se repelen —me señaló a mí mientras decía—: Gira ahora tu imán, haciendo que el extremo marcado con un guión quede orientado hacia la piedra que sujeta tu esposa.

Así lo hice y, para mi sorpresa, la piedra se escurrió de entre mis dedos y casi voló hacia el imán que sujetaba mi esposa. Un chasquido metálico resonó cuando impactaron entre sí.

—Creo que la lección es fácil de detectar, los polos opuestos se atraen —aclaró, y prosiguió para disipar cualquier duda—. Cuando orientasteis las piedras hacia sus polos opuestos la atracción fue inmediata. Exactamente igual ocurre en el matrimonio, los polos opuestos se atraen. He visto pocas parejas más unidas que aquellas que mostraban diferencias muy notables.

—¿Cómo es posible? —pregunté—. Eso contradice lo que he escuchado toda la vida. Siempre oí que hay que tener puntos en común para poder vivir juntos.

—Y eso es cierto —advirtió—. Pero una cosa es compartir gustos, aficiones y, sobre todo, visión y enfoque en la vida, y otra muy distinta es que seamos idénticos.

—Pero ¿no es cierto que las diferencias dividen? —quiso saber mi esposa.

—No lo es —fue rotundo y enseguida matizó—, al menos no necesariamente. Todo depende de qué hacemos con las nuestras. Podemos convertirlas en muros de división o en puentes de conexión. La diversidad no divide, más bien enriquece. Nuestras diferencias no tienen por qué ser armas arrojadizas, sino complementos valiosos que aporten riqueza al matrimonio. Porque, decidme, si fuéramos iguales, ¿de qué manera podríamos complementarnos? Lo distinto no tiene por qué ser opuesto, sino complementario.

—Pero usted nos ha hablado de un enfoque común —recordé—, de una visión igual para los dos.

—Eso sí —reconoció el Sabio—. Hay algunos aspectos fundamentales en los que es esencial la coincidencia. ¿Sabéis de dónde se deriva el término cónyuge, o relación conyugal, que aplicamos al referirnos al matrimonio?

—¿Cónyuge? —reflexioné—. A mí me suena a yugo. ¿Puede referirse a compartir un yugo?

—¡Exacto! —aplaudió el Sabio—. Cónyuge, se refiere a «compartir un mismo yugo», del mismo modo que compañero alude a «compartir el pan», o camarada se deriva de «compartir una misma cámara o habitación». Como veis todos ellos son aplicables al matrimonio.

—¿Y amigo? —quiso saber mi esposa—. ¿A qué se refiere el término amigo?

—Me gusta que lo preguntes —reconoció el Sabio—, porque amigo viene de «compartir amor». Y eso también es vital para el matrimonio.

—¡Qué interesante! —exclamó mi esposa, asombrada, y empezó a enumerar con los dedos—. Entonces en un matrimonio somos compañeros, porque comemos el mismo pan; camaradas, porque vivimos en un mismo espacio; amigos, porque participamos del amor; y cónyuges, porque compartimos un yugo.

—Así es —admitió el Sabio.

—Pues me parece interesantísimo —insistió Esther.

—Y con respecto a lo último —apuntó—, ¿os dais cuenta de que dos bueyes uncidos bajo el mismo yugo no pueden tomar caminos diferentes?

—Es cierto —reconocí—. Si intentasen ir en distintas direcciones no lograrían moverse ni un milímetro, solo conseguirían hacerse daño.

El Sabio guardó un instante de silencio y, se acodó en la mesa juntó sus dos manos, palma con palma, como si rezara. Su gesto era reflexivo, como de quien medita en una sentencia que no tiene desperdicio. La estampa invitaba a mantener los oídos bien abiertos. Cuando por fin retomó la palabra, no nos decepcionó.

—«Amar no significa en absoluto mirarnos el uno al otro, sino mirar juntos en la misma dirección».[2] Es esencial tener un enfoque común, una misma visión, coincidir con respecto a cuáles son las prioridades esenciales en la vida.

»Cuando somos jóvenes nos dejamos encandilar por el color de unos ojos, pero la madurez nos enseña que más importante que el color de los ojos es el enfoque de la visión. La experiencia nos confirma que lo más valioso no es la forma de unas manos, sino ¿en qué están ocupadas esas manos? Lo crucial no es la longitud de unas piernas, sino ¿en qué dirección caminan? No nos deberíamos dejar seducir por la envergadura de un cuerpo, sino por el tamaño del corazón —dijo, y se detuvo un instante antes de insistir—. Lo vital en el matrimonio es mirar en la misma dirección y remar ambos hacia el mismo puerto».

—¿Qué implica eso? —preguntó mi esposa—. ¿Se refiere a tener gustos idénticos? Es decir, si él disfruta con el fútbol también debe gustarme a mí.

—¡Ojalá! —suspiré.

—No sería malo si eso ocurriera, pero hablo de compartir valores más profundos —advirtió el Sabio—. Recordad que en la vida existen cosas que se pueden considerar como añadidos, complementos, artículos de decoración, y luego está aquello que es esencial: las bases o columnas del matrimonio —hizo una pausa como para tomar aire y continuar—. Los pasatiempos y aficiones son cuestiones de segundo orden aunque, insisto, si hay coincidencia será fantástico.

»Pero lo vital son los objetivos y proyectos de vida, a ellos es a los que vamos a dedicar la mayor inversión de esfuerzo y energía. Es en eso en lo que debe existir conexión y coincidencia. Por ejemplo, tener la misma fe, la misma pasión, los mismos principios y valores. Eso es lo que definitivamente une —dijo y tomó las dos piedras imantadas—. Creer en un mismo Dios ha demostrado ejercer atracción y magnetismo de primer orden —y para corroborar aquella verdad volvió a tomar las dos piedras y escuchamos el chasquido provocado por el encuentro de los dos imanes.

—¿Quiere decir que, si no hay coincidencia en esas cosas, el fracaso está garantizado?

—No creo en la matemática pura aplicada a los asuntos del corazón, pero apelando al principio de las probabilidades resulta difícil vaticinar un buen futuro a una relación en la que no se comparten los valores más esenciales. Si a él le gusta la luz y a ella las sombras; si ella prefiere la altura y él la profundidad, ¿dónde vivirán? Alguien lo expresó de este modo: «Un pez y un pájaro se pueden enamorar, pero ¿dónde vivirían?».

—Se ha hecho tarde —aprecié al mirar el reloj—. Debimos haber venido más temprano. No queremos retrasar su hora de cenar.

—¿Y si cenáis conmigo?

—No queremos ser una molestia —dijo Esther.

—Me encantaría que os quedarais —parecía casi un ruego—. Hace mucho que no ceno acompañado.

Esa noche descubrimos otra de las cualidades del Sabio, su pericia en la cocina. Preparó una deliciosa tortilla de patatas que, acompañada por una jugosa ensalada, nos supo deliciosa.

—¡Hummm! —exclamé con deleite—. Está casi mejor que la que prepara mi madre.

—Supongo que la tortilla que prepara tu madre será la mejor que has probado —dijo Esther con un tono de desafío.

—No, cariño —intenté enmendarlo—, la que preparas tú está mejor que la de mi madre.

—Era broma —rio Esther—. Es cierto que tu madre prepara las mejores tortillas pero, desde luego, esta las supera. Está realmente deliciosa.

—Muchas gracias —el Sabio gozaba a todas luces de la improvisada cena en compañía—. Tenemos que repetir estos encuentros en torno a una mesa llena de comida. Hacía mucho que no los disfrutaba.

Bien entrada la noche, y tras apurar un café excelente, nos levantamos de la mesa.

—Bueno —dije—. Es tiempo de regresar a nuestro hogar.

—¿Te has dado cuenta de lo que has dicho? —comentó Esther poniendo su brazo alrededor de mi cintura—. Nuestro hogar. No regresamos ya a casa, sino a nuestro hogar.

Esther me abrazaba y el Sabio hizo lo mismo con ambos, de forma espontánea. Era una escena emotiva.

—No sabéis cuánto me alegra escuchar eso, que una casa se haya convertido en un hogar. ¡Me hace feliz!

El hombre y la mujer son iguales en lo esencial: dignidad, derechos, valor... Pero iguales no

quiere decir idénticos. Hay diferencias entre ellos que son evidentes; no solo físicas, también síquicas y emocionales. Eso provoca que el acercamiento de ambos a una misma realidad sea distinto. Podemos estar mirando la misma cosa, pero tener perspectivas totalmente diferentes. Entender y aceptar esas diferencias no solo evita discusiones inútiles sino que nos ayuda a darle al otro aquello que necesita. Por otro lado, del mismo modo que determinadas diferencias son totalmente asumibles y hasta recomendables, hay áreas en las que se requiere una coincidencia casi plena. Me refiero a principios y valores de primer orden: proyecto de vida, visión de futuro, la fe, etc.

Discrepar en esto es equiparable a uncir dos bueyes bajo un mismo yugo y pretender que aren en direcciones opuestas.

CAPÍTULO 14

Cómo tratar los días malos de mi pareja

Creí que lo peor de nuestra crisis estaba superado pero, casi de repente, sin previo aviso, una gran tensión se asentó en la casa para confirmarme que seguíamos inmersos en el lodazal.

Esther estaba intratable, era casi imposible cruzar con ella unas palabras; si le hacía una pregunta respondía con monosílabos. Permanecía hermética, malhumorada y el contratiempo más pequeño era ocasión para que me regalase una de esas miradas que te perdonan la vida. Intenté aplicar todas las técnicas y principios que habíamos aprendido, pero mi paciencia se agotó. Finalmente, indignado, llame por teléfono al Sabio.

—¡No sonríe ni aunque le vaya en ello la vida! —exclamé en cuanto el anciano descolgó el teléfono.

—¿Cómo dices? —interrogó el Sabio.

—Mi mujer —repliqué casi a gritos—. Ha perdido toda la capacidad de sonreír. Solo sabe reprochar, regañar y discutir, constantemente y con un gesto enfurruñado.

—¿Has hablado con ella al respecto? —quiso saber.

—¡Por supuesto! —repliqué—. ¡Bien clarito se lo he dicho!

—¿Qué fue lo que le dijiste?

—Que con esa cara de perro rabioso espantará a cualquiera y...

—¿Crees que esa fue la mejor manera de tratar el asunto? —me interrumpió—. No me parece que hayas sido precisamente diplomático y...

—Sí —repliqué sintiéndome enfadadísimo—. Ya sé lo de morderse la lengua antes que ofender y lo de la flecha lanzada que no se puede recuperar, pero estoy cansado de andarme con miramientos y contemplaciones. Esther debe escuchar cómo me siento.

—¿Intentaste averiguar cómo se siente ella?

—¿A qué se refiere?

—Me refiero a que si tu esposa se comporta así, es probable que sea por alguna razón.

—¿Por alguna razón? —era lo que me faltaba, que la justificasen—. ¿Por qué motivo?

—Te corresponde a ti averiguarlo, no soy yo la persona indicada para decírtelo; tendrá que ser ella y para que te lo diga debes preguntárselo —reflexionó un momento y luego recomendó—, pero hazlo bien.

Me estaba encomendando una tarea, pero yo no sabía por dónde empezar.

—¿Cómo sabré si lo estoy haciendo bien?

—Por la motivación de tu corazón —y descifró el enigma—. Que al hablar con ella tu impulso sea conocer sinceramente qué le ocurre, no satisfacer tus emociones heridas.

—No sé qué ha podido suceder —yo seguía en mis trece—, cuando éramos novios se pasaba el día sonriendo. Hasta de mis chistes malos se reía, pero ahora está todo el día enfadada.

Hubo un silencio en la línea telefónica, que seguramente el Sabio estaba aprovechando para reflexionar. Le imaginé sonriendo levemente cuando me dijo:

—«Si en tu camino ves a alguien sin una sonrisa, regálale una de las tuyas».[1] Mejor que reprochar es ayudar. La comprensión es más eficaz que la crítica —finalmente me propuso—: ¿Por qué no venís esta tarde por aquí?

Poco después de comer nos dirigimos a la casa del Sabio y enseguida estábamos sentados en torno a una humeante taza de café. Mientras que diluía el azúcar con la cucharilla, el anciano nos preguntó:

—¿Pudisteis hablar?

—Sí —respondí—. Lo hicimos.

—¿Y bien?

Fue Esther quien contestó.

—Hay épocas malas: días tristes, periodos de menstruación, tiempos de decaimiento. En fin, momentos en los que nuestro ánimo no es el mejor —volvió su rostro hacia mí y en su mirada pude leer una petición de disculpas—. No ha sido justo por mi parte pagarlo con mi marido. Él no tiene la culpa de mis tiempos de bajón.

—Pero sí soy culpable de no acompañarte en ellos —reconocí.

Ambos guardamos silencio esperando que el Sabio tuviera algo que decirnos.

—Esas etapas de ánimo decaído, cuando nuestras defensas emocionales, y a veces también las físicas, están muy bajas, son cruciales para la relación matrimonial —sus palabras eran una clara advertencia—. Si en los inviernos del alma nuestro cónyuge demuestra ser comprensivo, respeta nuestros silencios, no nos exige que estemos al cien por ciento de nuestra capacidad, entonces el matrimonio saldrá reforzado. Por el contrario, si cuando estamos en esos días de... ¿cómo lo llamáis los jóvenes?

—¿De bajón? —pregunté.

—Sí, eso, de bajón. Caramba, vaya palabra —se rascó la cabeza—, si cuando estamos de bajón, nuestro cónyuge se muestra exigente y reclama nuestro máximo nivel, el efecto en la relación será el contrario.

—Creo que eso es lo que me ha pasado —volví a reconocer mirando a mi mujer—, he sido poco comprensivo y lo lamento mucho.

—Soy yo quien debe pedirte perdón —reconoció Esther—. No tengo derecho a tratarte mal, por muy mal día que tenga.

—Como tú has dicho —el anciano se dirigió a ella—, a menudo enfrentamos etapas difíciles, eso nos pasa a todos. Ningún ser humano está exento de ellas: días grises, problemas laborales, presiones económicas, enfermedades. Cuando demostramos la capacidad de amar y comprender a nuestra pareja, aunque ese día regrese del trabajo sin ánimo de escuchar nuestros problemas...

—«Quiéreme cuando menos lo merezca, porque será cuando más lo necesite»[2] —interrumpí—. ¿No dijo alguien algo parecido?

—Correcto —elogió el Sabio—. Si somos capaces de mostrar amor y paciencia aunque hoy no ponga la barra para la cortina o cuelgue el cuadro que prometió hace días. Si toleramos el llegar a casa y no encontrar la comida preparada. Si comprendemos que hoy nuestro cónyuge no se encuentre con ánimo de mantener relaciones íntimas. En definitiva, si la persona con quien hemos decidido compartir la vida no es capaz de cubrir nuestras expectativas, y a pesar de ello le manifestamos amor y comprensión, la relación será fortalecida y los vínculos de unión saldrán muy reforzados.

Aquello parecía muy coherente, pero yo albergaba un temor y no pude evitar expresarlo:

—¿No existe el riesgo de que uno de los dos se acostumbre a vivir siempre en días así y el otro se pase la vida comprendiendo sin ser comprendido, y animando sin ser animado?

—La respuesta a tu pregunta es: sí, existe esa posibilidad —el Sabio no intentó camuflar la verdad—. Y es necesario impedirlo; debemos evitar que esa actitud se vuelva crónica y que uno de los dos permanezca de continuo en el pozo de la autocompasión exigiendo constante atención y comprensión sin ofrecer ninguna contrapartida. Esa posición, salvo si se tratase de una enfermedad, en cuyo caso habría que abordarla con apoyo profesional, debe ser combatida o terminará arruinando el matrimonio.

»Sin embargo —continuó—, si existe amor es difícil que se perpetúe ese problema de abatimiento. El ser amado no disfruta de la compasión de aquel a quien quiere, sino de su amor. La mejor forma de evitar ese riesgo es el diálogo directo y sincero, exponer con toda franqueza nuestra situación, expectativas, estado de ánimo, capacidad de aguante, etc.».

Mi esposa y yo nos miramos y ella asintió; incluso buscó mi mano y, cuando entrelazamos nuestros dedos, me embargó una agradable sensación.

—Soy yo quien debe pedirte disculpas —me dijo Esther—. Temo que últimamente mis periodos de bajón han sido demasiado largos y frecuentes.

El Sabio se levantó y le vimos desaparecer en el corto pasillo; enseguida regresó trayendo un grueso libro.

—Es una Biblia —nos explicó colocando un libro voluminoso sobre la mesa de la cocina.

Observé que pasaba sus páginas con extrema delicadeza, diría que incluso con devoción.

—Amo este libro —susurró—. En él encuentro respuesta para mis preguntas y fortaleza en tiempos de debilidad. ¡Cuánta compañía me ha proporcionado en este último año en el que la soledad se ha asentado en la casa! —la pausa que hizo el anciano me pareció larguísima, como si el recuerdo se hubiera instalado en mitad de su discurso y le impidiera continuar, pero logró concluir—. Lucía y yo lo leíamos juntos cada mañana.

—¿Qué lo leían juntos? —interrogué—. Pero ella no puede leer... es... ciega.

La sonrisa del Sabio fue su única respuesta. Salió de nuevo y regresó con otro grueso volumen que abrió rápidamente frente a mí. Los signos que cubrían las páginas no dejaban lugar a dudas, era Braille.

—¡Si hubieras escuchado cómo leía! —y por la forma en que se expresaba pude imaginarlo—. Los relatos cobraban vida en su boca. Ahora le leo sus pasajes favoritos y mientras lo hago Lucía siempre sonríe. Creo que los entiende.

El Sabio siguió buscando en su Biblia. Finalmente se detuvo y con su dedo índice, largo y huesudo, señaló un párrafo:

—El otro día leí este relato en el que aprecié una de las más bellas características del verdadero amor —giró hacia nosotros la Biblia, de modo que pudiésemos leer el texto—. La historia se encuentra en el capítulo quince del primer libro de Samuel y trata acerca de un varón llamado Elcana y su esposa Ana. Cuenta la historia que esta mujer no podía tener hijos, algo que en aquel tiempo y cultura en que prevalecían los prejuicios y la superstición, representaba un agravio muy severo. Imaginaos que cualquier mujer incapaz de concebir hijos se la consideraba algo así como un ser disminuido y, lo que es peor, esa limitación se atribuía a algún merecido castigo de Dios.

—¡Qué injusto! —replicó Esther.

—Mucho —admitió el Sabio—. Pero para captar la intensidad de este relato, hay que conocer que no solo sobre la mujer recaía el estigma de la esterilidad, también su marido quedaba marcado y su honorabilidad era cuestionada —apuntó. Se detuvo un instante y enfatizó la frase siguiente con enérgicos movimientos de ambas manos—. ¡Imaginaos que los rabinos, los maestros judíos de aquel tiempo, cargadísimos de dogmas, supersticiones y mandamientos, tenían una relación de diez personas que eran consideradas proscritas, malditas y apartadas de la comunión con Dios! Pues bien, esa relación estaba encabezada por «*aquel varón que no tuviere esposa, o que teniéndola ésta no le diere hijos*».

—¡Vaya! —exclamé—. Desde luego, la limitación de Ana afectaba bastante a la reputación de su marido.

—Totalmente —nos miró hasta que asentimos con la cabeza, solo entonces prosiguió—. Elcana, el esposo de Ana, era considerado persona *non grata* para Dios. Un ser excluido de la comunión con el Altísimo por la única razón de que su esposa era estéril. Siendo rigurosos tendríamos que concluir que Ana era un verdadero problema para su marido.

—Es totalmente injusto —Esther estaba realmente indignada. Como mujer se sentía identificada con Ana, y el hecho de que estuviéramos buscando un hijo hacía tiempo y que su vientre se negase a abultarse, acrecentaba mucho su empatía con la mujer de Elcana—. La actitud de esos rabinos era deplorable. ¿Qué culpa tenían Ana o su marido de no poder tener hijos?, ¿por qué y de qué les acusaban?

—Estoy de acuerdo contigo —el Sabio asentía con la cabeza—. Con frecuencia la superstición lleva a las personas a adoptar posiciones irracionales y radicalmente injustas. No es eso, sin embargo, lo que más me conmueve de este episodio. Lo que quiero destacar no es la actitud de aquellos religiosos ni sus ridículas supercherías, sino el corazón de Elcana. Escuchad —se inclinó un poco más hacia nosotros, dando al relato un toque de intriga—, llegado un día especial en el que era costumbre que el varón entregara presentes a los miembros de la familia, el relato dice lo siguiente: «*Pero* [Elcana] *daba a Ana una parte escogida; porque amaba a Ana, aunque Dios no le había concedido tener hijos*».[3] —El Sabio hizo un estratégico silencio, nos miró y después de unos segundos explicó—: La palabra clave en este relato es *aunque*, «*Amaba a Ana aunque...*». La limitación de su mujer le colocaba a él en la lista de los proscritos, pero ¡él daba a su esposa una parte escogida porque la *amaba aunque...*!

—¡Es emocionante! —Esther estaba conmovida.

—Es un ejemplo de verdadero amor —afirmó el Sabio—. La limitación de Ana era un estigma sobre su marido. Sin embargo «*Elcana amaba a Ana, aunque...*». Esta es la clave —el Sabio tomó una hoja de papel y escribió algo sobre ella, luego la extendió hacia nosotros.

—*Amor porque* —leí, y le miré con un gesto de «no entiendo qué pretende decirme».

—Hay dos categorías de amor —explicó—. Yo defino al primero *amor porque*. Este amor no es malo; ningún amor genuino lo es, sin embargo, es bastante limitado. *Te amo porque*, ¿entendéis?, *porque me haces feliz o porque me siento realizado*.

»El *amor porque* siempre aguarda una contrapartida. El amante espera algo a cambio de su amor —sentenció y nos miró, primero a mí y luego a mi esposa—. *Amar porque* es lícito y legítimo, pero es muy limitado. Hay un segundo nivel, mucho más alto, más puro y poderoso —tomó de nuevo la hoja y volvió a escribir; enseguida nos mostró el segundo enunciado—: *Amar aunque.*

»Cuando es este el amor que le profeso a mi pareja no estoy condicionado por lo que ella pueda darme —nos miró de nuevo con intensidad—. "*Yo te amo aunque no puedas satisfacer todas mis necesidades... aunque a veces no cubras mis expectativas...*". No es un amor que fluya *gracias a*, sino *a pesar de*. Sin esperar nada a cambio. Regalo mi amor a fondo perdido; no aguardo contrapartidas. Es un amor que no tiene otra expectativa que la de entregarse totalmente y hacer feliz al ser amado».

Mi esposa y yo fijábamos nuestra vista en el papel sin pestañear. Frente a nosotros teníamos dos tipos de amor, pero uno era infinitamente más alto que el otro. Nunca habíamos reparado en que la clave era tan sencilla como analizar la calidad de nuestro amor.

El Sabio retomó el discurso:

—En una ocasión alguien me dijo: «El amor eterno dura seis meses» —contó, y se mesó la barbilla, como meditando—. ¿Sabéis?, puede que eso sea cierto, pero solo cuando nos movemos en el primer nivel.

»El *amor porque*, sí, tiene fecha de caducidad. Tarde o temprano se agota, se apaga y desaparece. ¿La razón? Es un amor que aguarda una compensación y necesita una gratificación. El amante espera una reacción suficiente de aquel a quien ama, y como no hay ser humano que pueda cubrir constantemente las expectativas de otro, pues más tarde o más temprano acaba por decepcionarse. Entonces, decepcionado, el *amor porque* comienza a resentirse».

El Sabio nos miró, quizás esperaba algún comentario, pero Esther y yo estábamos abstraídos en la enseñanza y no teníamos nada que decir, salvo, «continúe, por favor», y eso fue lo que hizo:

—Pero eso no ocurre con el *amor aunque*. Esta categoría de amor no aguarda contrapartidas, porque ama *a pesar de*, por lo tanto no se siente decepcionado al no encontrar una respuesta. Sigue dándose sin reservas. La esencia de ese amor está en dar y no en recibir, por lo que crece y crece a medida que se entrega. Creo que a esto se refería quien dijo: «El amor es lo único que se hace más grande al compartirlo».[4]

Mantuvo un instante de silencio, permitiéndonos digerir sus enseñanzas, después de eso volvió a mirarnos intensamente. Pude percibir una mezcla de sensaciones en su mirada.

—¿Os dais cuenta de que hoy es el quinto día? —nos preguntó.

—¿El quinto día? —interrogó Esther—. ¿Qué es eso del quinto día?

—Yo sí me di cuenta. No he pensado en otra cosa desde que llegamos aquí —reconocí, y miré a Esther—. Hoy es el último de los cinco días en los que se comprometió a ayudarnos y esta la última de nuestras reuniones.

—¡Es cierto! —Esther casi lloraba—. ¡Lo había olvidado! ¿No es posible hacer una excepción? Por favor, Sabio —nunca antes le habíamos llamado usando ese apelativo—, ¿no puede concedernos alguna cita más?

Mirando al rostro del anciano, me dio la impresión de que sonreía con alivio. Algo me decía que el venerable anciano había disfrutado de los encuentros tanto como nosotros.

—Os confieso que en estos días he llegado a sentir un enorme aprecio por vosotros —mantuvo sus manos sobre nuestros hombros—. Más que una terapia, cada reunión que hemos celebrado ha sido un encuentro entre amigos. Si os parece podemos seguir viéndonos. Ya no tanto para trabajar sobre vuestro matrimonio, en el que veo verdaderos avances positivos sino para cultivar algo tan bonito como la amistad.

—¿De verdad? —Esther saltó de alegría.

—¡Gracias! —le dije con toda sinceridad—. Es un gran privilegio pasar tiempo con usted.

—Para mí también lo es encontrarme con vosotros. La soledad, en su justa medida es positiva, pero no en sobredosis. A veces siento que estando solo estoy en mala compañía.

Tal vez... tu hogar esté ahora inmerso en uno de esos procesos en los que uno de los dos atraviesa una etapa gris y difícil. Nadie está libre de ellos, pero es fundamental reconocer que esos ciclos pueden suponer un gran peligro o una enorme oportunidad.

Los «inviernos» relacionales son las etapas más sensibles.

Nuestra actitud en ellos hará que la relación se consolide o, por el contrario, se resienta.

Alguien dijo que «El hombre no deja de existir cuando muere, sino cuando deja de amar», lo mismo se puede decir del matrimonio. Inyectemos a nuestra relación una gran dosis de amor, de *amor aunque*.

CAPÍTULO 15

Cómo superar las decepciones: ¡Mi príncipe azul se ha desteñido!

¡Todo iba mejor! Los pilares de contención que habíamos construido para nuestro matrimonio cumplían con su propósito y era evidente que el edificio ya no amenazaba ruina, o al menos no una inminente. Pero algo ocurrió:

—Andrés está siempre contento —Esther lo dijo refiriéndose a un compañero de trabajo—. Da gusto verle con ese gesto risueño todo el día.

Cuando mi mujer pronunció esas palabras no lo hizo con la intención de entrar en comparaciones, ahora lo sé. En su ánimo no estaba ofenderme, pero me ofendí. Interpreté su mención a la simpatía de Andrés como un reproche personal por no ser una persona tan sonriente.

—¡Pues soy como soy —no lo dije, lo grité—, y no puedes pretender que sea un hombre distinto!

Inmediatamente después del gañido llegó el silencio, este fue tan ensordecedor o más que el grito. Intenté mantenerme indiferente pero, al día siguiente, temeroso de que el frío que se había instalado entre nosotros congelase los progresos que estábamos logrando, sugerí a Esther que acudiésemos en busca de consejo. Así que, cargados con nuestra nueva trifulca, llegamos hasta la casa del Sabio.

Al ver el gesto afable y cariñoso con el que, como siempre, nos recibió, me pregunté dónde tendría ese venerable anciano el depósito de paciencia y caridad del que bebía cada día.

—¡Pasad, amigos! —su abrazo de bienvenida me reanimó—. Hoy el zumo de naranja salió especialmente bueno. Tomadlo ahora que está fresquito.

Di un sorbo y, por pura cortesía, elogié el sabor del jugo, pero había algo que me preocupaba mucho más.

—No quise ofenderle —dijo Esther señalándome—. Al hablarle de Andrés no pensé que pudiera molestarse, pero no veas cómo se puso.

—Estoy harto de que aludas siempre a mi gesto serio —dijo moviendo las manos arriba y abajo con increíble energía—. Estoy cansado de que me compares con otras personas con las que siempre quedo en desventaja.

—Pero es verdad que cuando éramos novios sonreías mucho más —me recordó.

—¡Pues ahora no me sale! —la furia aumentaba por momentos—. ¡Soy así! No tengo una sonrisa cincelada en el rostro. No puedo evitarlo. No puedo forzar la sonrisa todo el día, ¡me siento idiota si lo hago!

Esther suspiró, agotada y derrotada también. Agachó la cabeza, se rindió.

El Sabio interpretó nuestro problema y lo abordó con maestría. Primero se dirigió a Esther:

—¿Dices que él era diferente durante el noviazgo? —guardó silencio esperando que ella ratificara sus palabras, pero Esther me miró y mi gesto la persuadió para mantener la boca cerrada. Ante su mutismo el Sabio siguió adelante—. El noviazgo es un ciclo y el matrimonio otro diferente, y no hay persona que no experimente cambios en esa transición. Cambiamos nosotros, cambian determinadas situaciones y también cambia la percepción que tenemos de nuestra pareja.

De nuevo guardó silencio y nos escrutó con la mirada. Solo cuando asentimos con la cabeza, indicando que le seguíamos, reanudó su discurso.

—Durante el noviazgo idealizamos a la persona de quien nos hemos enamorado. Estamos convencidos de haber encontrado a un ser perfecto, todo virtudes, no cabe en él ningún defecto— sonrió para añadir—. En definitiva, estamos seguros de haber encontrado a nuestro príncipe azul.

Hizo una nueva pausa. Luego sentenció:

—El final de la luna de miel suele marcar el inicio de una nueva etapa en la que el idealismo cede su lugar al realismo. Alguien lo expresó muy bien cuando dijo: «El amor es ciego, pero el matrimonio le devuelve la vista». El matrimonio quita la venda de nuestros ojos. Entonces descubrimos que no hay persona perfecta.

Noté que mi mujer asentía y, viendo en ese gesto una alusión directa a mí, me sentí algo molesto.

—Lo malo —continuó el Sabio— es cuando con el descubrimiento de la realidad llega la desilusión y, acompañando al realismo, viene el desánimo.

—¿A qué se refiere? —pregunté.

El Sabio tendió su mano con la palma hacia mí, como pidiendo paciencia.

—Ante el descubrimiento de que no nos hemos casado con alguien perfecto, tenemos dos opciones: la comprensión o la frustración —dijo, y volvió a enumerarlos remarcándolos con los dedos—: comprensión o frustración, son nuestras dos opciones. Si optamos por ser comprensivos, disculparemos los defectos de la pareja a la vez que asumimos que nosotros también los tenemos. Pero si permitimos que nos embargue la frustración quizás nos preguntemos: «¿Adquirí una mercancía con taras?». Y, a fuerza de enfocarnos en los puntos débiles de nuestra pareja, estos adquirirán más relieve e importancia.

»Recordad siempre que aquello en lo que concentramos nuestra atención será lo que crezca a nuestra vista. Si nos enfocamos en lo positivo, eso será lo que cobre importancia; si ponemos la lupa de nuestra atención sobre lo negativo, será eso lo que aumente».

El Sabio tomó un folio blanco y un rotulador negro, y dibujó algo en el centro de la hoja.

—¿Qué ves aquí? —me preguntó entonces.

O el Sabio era un pésimo dibujante o yo no entendía su arte.

—Solo veo un punto negro —confesé.

El anciano rio.

—Era eso lo que pretendía que respondieras, porque es lo que responde la inmensa mayoría. Cuando miras a este folio puedes hacerlo desde dos enfoques distintos. —Y explicó—: Puedes centrar tu mirada en el punto negro o puedes fijarte en la gran superficie blanca que lo rodea.

Empezaba a comprender por dónde quería conducirnos.

—Ya entiendo —dije—. Las dos respuestas posibles son: veo un punto negro en el folio blanco o bien, veo un folio blanco con un pequeño punto negro.

Podemos ver «un punto negro en el folio blanco» o «un folio blanco con un pequeño punto negro». Aquello sobre lo que centremos la atención crecerá, adquiriendo más y más protagonismo.

—Lo has expresado de forma perfecta —reconoció el Sabio—. Si concentras tu atención en la mancha negra, será eso lo que llene tu vista.

»Muchos de los conflictos en el matrimonio se producen porque enfocamos nuestra atención en aquel *punto negro* que afea el carácter de nuestro cónyuge, en vez de hacerlo en la superficie blanca que hay alrededor, sus múltiples virtudes y fortalezas.

»Tenemos que elegir qué miramos —concluyó—. Hay que decidir hacia dónde y en qué centraré mi atención. Puedo recalcar sus errores o sus aciertos. Sus limitaciones o sus talentos. Sus virtudes o sus defectos. El punto negro o la superficie blanca. Aquello que decidamos mirar, será lo que crezca. Dependiendo de nuestra elección estaremos construyendo o destruyendo; reforzando o debilitando nuestra relación.

»La crítica y el reproche constantes minan el matrimonio. Destacar, de forma reiterada, los errores y defectos de la pareja empujan la relación hacia un despeñadero. Por el contrario, el aprecio sincero es oxígeno para la relación. Realzar las virtudes de nuestra pareja es un combustible eficaz para el amor. Os lo aseguro, el aprecio y el reconocimiento son reconstituyentes de primer orden».

Me pareció preciso intervenir para establecer lo que consideraba un equilibrio necesario:

—Comprendo que hay que elogiar, apreciar y reforzar todo lo positivo, pero en algún momento habrá que abordar aquello que no nos gusta de nuestro cónyuge.

—¡Por supuesto! —reconoció—. El aprecio no está reñido con el diálogo franco con el cual ir corrigiendo esas actitudes que nos molestan o hieren. Lo correcto es confrontar lo negativo, pero manteniendo la lupa sobre lo positivo. Abordar lo mejorable, sin dejar de reconocer y alabar todo aquello que es digno de elogio.

Me llamó la atención que el anciano detuviera su discurso sin dejar de mirarnos. Sonrió francamente, supongo que por el recuerdo que recreaba en ese instante su memoria. Enseguida decidió verbalizar aquel episodio en el que estaba pensando:

—Un día encontré a una joven que desbordaba alegría. Aun de lejos se apreciaba el gozo que irradiaba, sus ojos eran ventanas por las que asomaba la felicidad de la vida —contó, y me parecía que sus ojos también mostraban esa felicidad al recordarlo—. No pude evitarlo y me acerqué a preguntarle la razón de su gozo. Ni un segundo tardó en responder: «¡¡He encontrado a mi príncipe azul!!». Tiempo después volví a verla. Tan triste la noté que me costó trabajo reconocerla. La muchacha arrastraba su cuerpo pero, sobre todo, su alma. Sus ojos no eran ya ventanas a la alegría, sino sombríos miradores por los que asomaba una enorme aflicción —hizo una pausa, como si el rememorar le doliera—. También en esa ocasión me acerqué y le pregunté por la causa de su desolación. «Mi príncipe azul se ha desteñido», respondió con desánimo y una tristeza contagiosa. Poco después me explicó: «¡Cómo ha cambiado desde que nos casamos! Antes no tenía fallos, pero ahora no le encuentro virtudes».

El Sabio respiró profundamente y la sentencia final brotó junto con un suspiro: todos los príncipes azules destiñen. Antes o después pierden el brillo y cuanto antes lo asumamos mejor será.

—Pero aunque aparezcan los defectos, siempre quedarán las virtudes —comentó mi mujer.

—Eso es lo que intento deciros —apuntilló el Sabio—. Lo que en el noviazgo nos parecía un compendio de bondades en el que todas las virtudes estaban presentes, ahora se muestra como un cielo de azul purísimo, pero con determinadas nubes que, de cuando en cuando, arrojan sombras a nuestra convivencia, y hasta pueden provocar alguna tempestad. Pero el hecho de que un príncipe azul destiña, no implica que debamos destronarle ni expulsarle de palacio. La clave está en ayudarle a recuperar el color, y eso se logra contribuyendo en el proceso de corregir lo negativo a la vez que reforzamos y elogiamos lo positivo.

Detecté un gesto grave en el rostro del Sabio.

—Conocí a un hombre felizmente casado que se inició en el juego de las comparaciones...

—¿Juego de las comparaciones? —los dos, Esther y yo, preguntamos a la vez.

El anciano asintió con la cabeza sin poder ocultar un dejo de tristeza.

—Se trata de un juego tan peligroso como la ruleta rusa. Es capaz de matar al matrimonio:

Aquel hombre que decidió iniciarse en el peligroso proceso tenía una mujer que puntuaba ocho sobre diez. Una excelente madre, mujer trabajadora, discreta, defensora de su familia, de impecable reputación. Pero a juicio de su marido carecía de un par de virtudes. No sé, no recuerdo bien qué me dijo, creo que se quejaba de que su esposa no era pródiga en mostrar el cariño y no le gustaba demasiado cocinar. En fin, dos carencias en un inmenso compendio de virtudes. Pequeñas nubes en un delicioso cielo de verano. Pero fijó tanto su atención en ellas que no le quedó tiempo para apreciar las múltiples facetas en las que aquella mujer destacaba. Intenté hacerle ver que ninguno de nosotros es perfecto y que la paciencia y la comprensión son dos aliados necesarios en el matrimonio.

Pero siguió magnificando las carencias y subestimando las virtudes. Entonces ocurrió lo inevitable.

El anciano agachó la cabeza como si un peso intolerable se hubiera posado sobre su recuerdo. Pensé al verle cabizbajo que la empatía de aquel hombre era inmensa, tal vez excesiva. Volvió a retomar el discurso sacándome de mis cavilaciones:

En el camino de aquel desdichado se cruzó otra mujer. No sé si fue en el trabajo, o accidentalmente en la calle, pero al verla este hombre despreció la inmensa fortuna que tenía en casa y quedó encandilado con lo que acababa de conocer —levantó la cabeza el Sabio y percibí una chispa de furia ardiendo al fondo de su mirada—. Aquella recién llegada carecía de casi todo, ¡un dos sobre diez habría sido una puntuación objetiva! Pero casualmente, o tal vez no fuera casualidad, los dos aspectos en los que esa chica destacaba eran justamente las dos limitaciones de la esposa de mi amigo. Pésima en casi todo, pero cocinaba con buen gusto y lucía una sonrisa fácil, agradable y contagiosa.

Así que aquel necio inició el juego de las comparaciones: «Cómo me gustaría que mi esposa fuera tan sonriente como esta muchacha. Llego a casa y mi esposa siempre con el gesto adusto, en cambio esta chica sonríe de continuo». Ciego, sordo y necio, este hombre abandonó a su fiel compañera de toda la vida. Hizo el peor negocio de su existencia. Cometió un error de dimensiones cósmicas; pero para cuando quiso darse cuenta, su matrimonio estaba destrozado.

Había ardor en el discurso del Sabio. Una llamativa convicción impregnaba sus palabras, como si estuviera empeñado en grabar con fuego este principio y lograr que la enseñanza nunca nos abandonase.

—Son muchos los que caen en la trampa de la comparación. Es un verdugo que comienza su trabajo de manera sutil y aparentemente inofensiva. Trabaja con guantes de seda. Escucharás conversar a un hombre o verás sonreír a una mujer y lamentarás que tu marido no sea tan conversador o reprocharás la ausencia de sonrisa en el rostro de tu compañera. Miramos a otras personas y descubrimos en ellas ese rasgo de carácter, de físico, o de temperamento, del que carece nuestro cónyuge y entonces lamentamos: «¿Por qué mi mujer no se conservará tan delgada y elegante?». O ella suspirará: «¡Ese hombre sí que es cariñoso, ojalá mi marido fuera así!».

De nuevo se hizo el silencio. Un silencio intenso y reflexivo, al cabo del cual el anciano volvió a su discurso.

—Se dice que las comparaciones son odiosas y yo quiero agregar que además son muy peligrosas. Comparar a mi pareja con otras personas es un peligro terriblemente eficaz. «¿Qué daño hago a mi pareja por pensar de esa manera?», cuestionan algunos. Lo que dañas es tu matrimonio. Esa actitud promueve que subestimemos a la persona junto a quien vivimos. El respeto y la admiración son verdaderas columnas para el matrimonio y la admiración comienza con el aprecio.

»Por eso es tan importante enfocar nuestra atención en los puntos fuertes y en las virtudes que destacan en la persona con la que vivimos. No seamos necios —nos instó, y vi urgencia y determinación en su mirada—. Apreciemos los valores de nuestro cónyuge y seamos generosos en reconocerlos y elogiarlos.

»Y con respecto a los defectos, ¡claro que debemos combatirlos!, pero siempre con la comprensión y el perdón y, en última instancia, puede que haya algún aspecto del carácter que será imposible eliminar, en ese caso recordad: "Solo porque alguien

> El juego de las comparaciones comienza de manera sutil y aparentemente inofensiva: «¿Por qué mi mujer no se conserva tan delgada y elegante como aquella?». «¡Ese hombre sí que es cariñoso, ojalá mi marido fuera así!».

no te ame como tú quieres, no significa que no te ame con todo su ser"».[1]

Ahora sí, el Sabio había concluido. Intenté pensar en algo que pudiera complementar el discurso escuchado, pero no encontré qué añadir. Lo que había dicho era cierto e importante y no había otra opción que meditar en ello.

A juzgar por el gesto reflexivo que aprecié en Esther, también ella procesaba la información que había sido depositada en el disco duro de nuestra memoria.

Con una sonrisa, el anciano se incorporó y nos guió hasta la puerta de salida. Fue una despedida silenciosa, en la que apenas cruzamos palabras, pero muy cordial.

No era tiempo de hablar, sino de meditar. Teníamos mucho en lo cual reflexionar y eso fue lo que hicimos mientras caminábamos con nuestros dedos entrelazados, lo mismo que nuestras mentes, unidas en un propósito común: desgranar los sabios principios que, puestos en práctica, restaurarían nuestro matrimonio.

Frente a nosotros el sol se hundía en una lenta y bella despedida. Tras admirarlo unos minutos busqué la mano de Esther, también allí lo vi. Allí también el sol se despedía y con sus rayos fallecientes hizo reverberar las dos palabras grabadas en el anillo que le regalé el día en que confirmamos nuestro compromiso: *Siempre juntos*, decía el grabado. Resplandecía como un incendio frío.

Cerré mis ojos. Dentro de mí también ardía una gloriosa convicción. *Sí, siempre juntos*. Estaremos juntos hasta el fin.

—¿Sabes lo que de verdad me apetecería esta noche? —le dije deteniendo el paso y mirándola a los ojos.

Mantuvo la mirada y sonrió con cierta picardía.

—¿Qué te apetecería esta noche? —preguntó con voz melosa.

—Cenar una enorme hamburguesa con una ración grande de patatas fritas.

A juzgar por su expresión, creo que Esther había anticipado una propuesta diferente, pero tras un breve instante de desconcierto rompió en una carcajada que me sonó a música celestial. Hacía bastante tiempo que las risas no eran un sonido frecuente entre nosotros, aunque recientemente habían irrumpido como las primeras flores que anuncian que el invierno está pasando.

—No es la propuesta más romántica que me han hecho en los últimos años —dijo Esther, divertida—. Además, eso engorda una barbaridad y contiene colesterol y...

—¿Cuánto hace que no disfrutamos de una noche relajada devorando una buena hamburguesa?

—Años —reconoció—. No sé cuántos, pero seguro que más de tres.

—Pues creo que ya nos toca. ¿No te parece?

Poco después estábamos en un pequeño restaurante de comida rápida. Frente a mí tenía una enorme hamburguesa. Mientras yo daba un buen mordisco y saboreaba el gusto fuerte del pepinillo, observaba a Esther sumergiendo una patata frita en la salsa de ketchup; yo la escuchaba hablar distendidamente, le respondía y luego reíamos.

Fue un momento delicioso que me afirmó en la idea de que el Sabio tenía razón: ni el dinero es lo que de verdad importa ni hace falta un gran gasto para tener un gran momento. En ese instante sencillo los vínculos de unión entre Esther y yo se estaban reforzando. Representaba un inmenso paso hacia adelante, que no había requerido de ninguna inversión extraordinaria.

CAPÍTULO 16

Cómo crecer en gratitud

Los encuentros semanales con el Sabio acabaron transformándose en una deliciosa rutina y en una parte integral de nuestra vida. Tanto Esther como yo aguardábamos con verdadera expectación el momento de vernos con él.

Superamos con creces las cinco sesiones que planificamos al principio. Desde nuestra primera cita habían transcurrido más de tres meses y la relación con el Sabio se convirtió en una amistad verdadera y agradable; una relación que nos enriquecía por momentos.

En algunas ocasiones, la terapia no consistía en otra cosa que en tomar un café con el anciano o dar un paseo mientras conversábamos de algo en apariencia trivial. Sin embargo, después de cada cita Esther y yo regresábamos a casa con la sensación de haber crecido y con la clara percepción de que nuestro matrimonio era más sólido.

Día a día iba aprendiendo que hay personas que te edifican con sus vidas y encuentros que te fortalecen; eso ocurre a menudo con la sencillez de la compañía, sin necesidad de que medien profundas conversaciones ni diálogos larguísimos.

Así ocurrió, por ejemplo, aquella tarde cuando salimos a pasear por el parque; después de caminar durante cerca de media hora nos sentamos en un banco, frente a un pequeño estanque.

Observamos en silencio a una familia que, apoyada en la baranda metálica que bordeaba el pequeño lago, arrojaba pedazos de pan a los patos y a los peces. La mamá extraía el pan de una bolsa y los pequeños, dos niños y una niña, los tiraban al agua y reían con ganas viendo cómo lo devoraban.

—¡Mira mamá! ¡Mira papá! —gritaban sin dejar de reír—. ¡Se lo comen todo!

Estábamos absortos con aquella imagen. Cautivados por la genuina felicidad que desprendía una estampa tan sencilla. La emoción casi nos desbarató cuando uno de los niños, el más pequeño, de ojos azules y cabello rubio, en el momento de tomar el pan de la mano de su madre la abrazó con fuerza y le dijo con voz transparente y cristalina: «Gracias mamá».

—¡Qué lindo! —exclamó Esther, totalmente conmovida por la escena.

—Ese niño es un cielo —repliqué—. ¿Habéis oído cómo le ha agradecido a su madre?

—Realmente es un encanto y ha logrado acercar el cielo a la tierra con su expresión de gratitud —confirmó el Sabio—. ¿Verdad que resulta llamativo ver a un niño expresando gratitud?

—Es cierto —admitió mi esposa—. No es frecuente que algo así ocurra.

—Es tan poco habitual —repliqué— que a todos nos llama la atención cuando sucede.

—Y, sin embargo, ser agradecidos es muy importante —repuso el Sabio—. La gratitud estimula y la falta de ella desanima.

»Recuerdo el caso de una mujer que un día, al servir la comida a su marido y a su hijo, llenó ambos platos con una generosa ración de alfalfa. Estos, muy ofendidos, replicaron: "¿Te has vuelto loca?

¿Qué significa esto?". La mujer les respondió con gran serenidad: "Llevo veinte años sirviéndoos la comida, y jamás habéis mostrado que lo que os sirvo sea más apetecible que la alfalfa"».

Esther y yo reímos.

—Es cierto que resulta muy fácil dar por sentado que lo que los demás hacen por nosotros es su obligación —comenté.

—Y debido a eso —insistió—, debido a que damos por supuesto que quien nos sirve solo cumple con su obligación, la palabra *gracias* está cayendo en desuso —dijo, y rio para añadir—: No me extrañaría que un día de estos, cuando la escribamos en nuestro computador, el corrector ortográfico del sistema la subraye en rojo dándole la categoría de palabra inexistente.

Esther asintió con la cabeza mientras decía:

—Escuché una vez que la gratitud tiene poder creativo porque lleva a las personas a hacer cosas por los demás.

—Estoy completamente de acuerdo —dijo el Sabio—, cuando el hombre o la mujer se sienten motivados toman iniciativas y son mucho más proactivos. Ese fue el principio que convirtió a Charles Schwab en uno de los empresarios más poderosos. En una ocasión le preguntaron por la clave de su éxito y él respondió diciendo:

Considero que el mayor bien que poseo es mi capacidad para despertar entusiasmo en los demás. La forma de desarrollar lo mejor que hay en el ser humano es por medio del aprecio, la gratitud y el aliento. Nada hay que mate tanto las ambiciones de una persona como las críticas de sus superiores. Yo jamás critico a nadie. Creo que se debe dar a una persona un incentivo para que trabaje, por eso siempre estoy deseoso de agradecer y elogiar, pero soy reacio a encontrar defectos. Si algo me gusta, soy caluroso en mi aprobación y generoso en mis elogios.[1]

—¡Cuán cierto es eso de que la crítica mata la ambición! —exclamé.

—Tan cierto como que el aprecio y el aliento la incrementan —recalcó el anciano.

—Pero no son demasiadas las personas que saben valorar y agradecer —lamentó Esther.

—Perder la costumbre de ser agradecidos ya es algo bastante triste—recordó el Sabio—, pero la situación se agrava cuando, al mismo tiempo que la palabra *gracias* se extingue, hay otra expresión que toma fuerza, me refiero a la expresión: *¿Por qué no?*

—¿A qué se refiere? —quiso saber mi mujer.

—Me refiero a un hecho tan sencillo como, por ejemplo, el momento en que la familia se reúne a comer.

»La humeante olla ocupa el centro de la mesa y todos participan con deleite del guiso que hoy quedó espectacular, pero de ninguna boca surge una sola expresión de gratitud y reconocimiento para quien estuvo cocinando.

Nos miró a ambos para asegurarse nuestra atención y luego explicó:

—En la mayoría de las familias el agradecimiento se ha convertido en una especie desaparecida o en riesgo de extinción. Pero el panorama se oscurece más cuando la misma familia se sienta en torno a la mesa y se dispone a deglutir la comida. Hoy, por desgracia, la mano que condimentó el plato se olvidó de echarle sal, y rápidamente, de los labios que brillan ungidos con la salsa insípida, se desliza un reproche: «¿Por qué no le pusiste sal?».

El Sabio guardó silencio y unió sus dos manos en ese gesto típico en él y que denotaba reflexión. Estaba buscando la expresión que mejor reflejase lo que quería decirnos. Finalmente separó las manos y explicó:

—Cuando la comida estuvo en su punto —explicó el anciano con una sonrisa— nadie lo agradeció, pero el reproche brota veloz en el momento en que algo falla. Es el síndrome del buitre.

—¿Qué? —no estaba seguro de haber oído bien.

—Sí —replicó con rotundidad—, como lo oís, el síndrome del buitre. ¿Sabéis que esa ave carroñera es capaz de sobrevolar un campo que explota de vida en la más exuberante primavera sin sentir la más mínima emoción? Sin embargo, basta con que bajo los pétalos de una amapola haya diez gramos de carne putrefacta para que el buitre detenga su vuelo en seco y se lance en picada a devorar la carroña. Es el síndrome del buitre y temo que ese virus ha infectado demasiados hogares.

»Los síntomas son: mutismo ante todo lo agradable, pero reproche inmediato cuando algo no salió perfecto. Crítica, recriminación y amonestación siempre presentes. La boca que bloquea la gratitud libera con extremada facilidad el reproche».

—Yo creo que, en alguna medida, todos sufrimos de ese problema —reconoció Esther—. Tendemos a ser mezquinos a la hora de expresar agradecimiento pero demasiado generosos para las quejas.

—Exigentes y poco agradecidos —diagnosticó el Sabio—. Esa actitud nunca es buena, pero se convierte en un problema acuciante en el seno de la familia. La exigencia constante y la ausencia de gratitud deterioran el matrimonio que, raquítico de estímulos positivos, acusa mucho más los detalles negativos.

—Sí —admití—. Yo tuve la oportunidad de trabajar a las órdenes de un jefe déspota y nada agradecido; eso mataba todas mis iniciativas. Nunca me sentía estimulado a hacer algo más allá de lo esencial. Tenía miedo de emprender algo que no le gustase a mi jefe, así que me limitaba a cumplir con mi obligación.

—En el ámbito natural esa actitud déspota y nada agradecida crea problemas, pero cuando la situación se traslada al hogar el resultado es verdaderamente desastroso —advirtió—. La falta de gratitud y la ausencia de reconocimiento suele llevar a la persona a una bancarrota emocional y cuando eso ocurre las consecuencias se trasladan inmediatamente al matrimonio y a la familia.

—¿Puede ilustrar eso con un ejemplo? —pidió mi mujer—. Ya sabe: «Las palabras son enanos, los ejemplos gigantes».

Una ausencia constante de gratitud y reconocimiento puede provocar bancarrota emocional, que deriva en irritabilidad constante y ostracismo, entre otros síntomas.

—Tienes razón —dijo con una sonrisa—.Tengo un ejemplo:

»Nunca podré olvidar aquella ocasión en la que tuve que tratar con un matrimonio cuya relación atravesaba momentos muy difíciles. Todo apuntaba a que la crisis de convivencia que sufrían era insalvable».

El anciano cerró los ojos como intentando trasladarse al escenario de la vivencia que relataba.

—Primero le escuché a él, me dijo: «Es imposible soportar a mi esposa; está siempre irascible. Se enfada continuamente y sin motivo. Cuando le pregunto la razón de su enfado ella se niega a responder. Si intento acercarme a ella cuando estamos en la cama, se aparta de mí como si fuese un apestoso. Un día tratando de mejorar la situación le compré un ramo de flores y se lo di. Ella me miró con desprecio y lo arrojó a la basura».

—¡Pobre hombre! —exclamé sintiendo una fuerte solidaridad matizada de compasión—. ¡Esa mujer era una víbora!

—Algo parecido pensé yo al escucharle —reconoció el Sabio—. Subamos a casa, la conversación me ha dado sed y me apetece un buen zumo de naranja. Comenzó a caminar tan deprisa que tuvimos que apretar el paso para ponernos a su altura.

—Pues sí, en apariencia el caso no presentaba dudas; su mujer estaba siendo extremadamente injusta y desconsiderada. Pero, convencido de que en ningún conflicto de dos toda la culpa recae solo sobre uno, decidí escuchar la versión de ella que me contó:

Desde pequeña he carecido del afecto de mi padre. Bebía demasiado y siempre estaba agresivo; nunca me manifestó cariño ni se interesó por mí, jamás se sentó a mi lado para que conversáramos. Además tenía constantes arranques de ira en los que gritaba y golpeaba con su puño contra la mesa. Cuando conocí al que ahora es mi marido, pensé que él me daría todo aquello que siempre me faltó; me ilusioné y corrí a sus brazos. Pronto descubrí que estaba equivocada. Mi marido pasa el día fuera de casa y cuando regresa por la noche todo lo que hace es sentarse frente al televisor hasta la hora de cenar. Nunca me ha pedido que me siente a su lado, nunca colabora con las tareas del hogar, si intento iniciar una conversación me dice que está cansado y no tiene ganas de hablar; y para colmo, al menor contratiempo estalla airado y golpea con su puño contra la mesa.

Cuando lo hace, la imagen de mi padre, con el rostro enrojecido por la ira y el alcohol, se reproduce en mi mente. Luego, por la noche se me aproxima en la cama, pero a mí me resulta imposible tener relaciones íntimas con ese estado de ánimo... simplemente no puedo. Un día, después de uno de sus peores arranques de cólera, la culpa debió torturarle y vino a casa con un ramo de flores. No son flores lo que yo necesito, sino un marido que me ame y me comprenda.

Esther emitió un silbido de desconcierto antes de decir:

—Eso cambia las cosas.

—Totalmente —admitió el Sabio, ya parado frente a la puerta de su casa y metiendo la llave en la cerradura—. En ese momento y ante esa pareja me afirmé en la idea de que todos necesitamos aprecio, reconocimiento y gratitud. La ausencia de esos estímulos aboca a la persona a una bancarrota emocional —repitió—, y provoca situaciones francamente delicadas. Dejadme que os lo explique antes de que disfrutemos del zumo de naranja. Pasad, pasad a la cocina.

Nos adelantó y depositó sobre la mesa una bandeja en la que había una jarra de cristal y varios vasos. A continuación con un rotulador trazó una línea horizontal en la superficie de la jarra sobre la que escribió el enunciado: *Nivel mínimo*. Comenzó a explicar:

—Todos nacemos con un depósito emocional localizado en alguna parte de nuestra alma. Cuando el nivel de ese depósito es aceptable la persona vive en lo que se conoce como *equilibrio emocional,* que se traduce en sosiego, serenidad y coherencia, pero cuando el nivel de ese depósito baja del *mínimo permitido* comienza a experimentar el desequilibrio y aparecen determinados síntomas que indican un déficit emocional.

Entonces el Sabio tomó uno de los vasos de cristal y escribió sobre él la palabra *reproche*, a continuación en otro escribió, *indiferencia* y en un tercero, *falta de gratitud*. Tomó aun un cuarto vaso y escribió: *Crítica mordaz*.

—Todas estas actitudes vacían el depósito emocional de una persona —explicó.

El Sabio asió la jarra y comenzó a verter el contenido en los vasos. Cada vez que llenaba uno de ellos nombraba el aspecto negativo que representaba: «Crítica mordaz, falta de gratitud, indiferencia...».

Ante nuestros ojos el depósito que representaba la jarra se iba vaciando y entonces explicó:

—Es mediante actitudes como estas que se provoca la bancarrota emocional, los síntomas de un alma en quiebra siempre son los mismos: sentimientos de inferioridad, desánimo, irritabilidad constante, una actitud hermética que se manifiesta con el «*Déjame tranquilo, no me pasa nada...*».

—Eso es lo que le ocurría a la mujer de su relato —interrumpí—, ¿no es cierto?

—Así es —asintió con la cabeza y con la voz—. Quien sufre bancarrota emocional suele convertirse en una persona de difícil trato, socialmente aislada, con terribles sentimientos de culpa y baja autoestima.

A continuación el Sabio fue tomando los mismos vasos y borró las expresiones anteriores, escribiendo en su lugar palabras muy diferentes: *Cariño, aprecio, gratitud, reconocimiento*. Entonces, uno a uno, devolvió el contenido de los vasos a la jarra.

—Lo que ahora estoy haciendo podríamos denominarlo *ingresos en el alma de la persona* —concluyó mientras vertía el último vaso marcado con la palabra gratitud—. Ingresar activos en el depósito emocional de nuestro cónyuge es enriquecer nuestro matrimonio y, en consecuencia, asegurar la estabilidad y felicidad de la familia.

Señaló a la jarra de cristal en la que el agua superaba con creces el *nivel mínimo permitido*.

—¿El resultado? La persona se mostrará tranquila y apacible, confiada y confiable. Jean de la Bruyere hizo una afirmación muy cierta cuando dijo: «Solo un exceso es recomendable en el mundo, el exceso de gratitud».

—¡Vaya! —exclamé—. Siempre pensé que ser agradecido era importante. Pero nunca me di cuenta hasta qué punto.

—Pienso lo mismo —replicó mi esposa mirando al Sabio y riendo—. Veo que es realmente importante y le agradezco de antemano ese vaso de zumo que nos va a dar.

—¡Tienes razón! —exclamó el anciano con una carcajada—. Os lo prometí y no os lo he dado. Saldaré mi deuda en un periquete.

Y se aplicó con esmero a prepararnos un delicioso jugo de naranjas.

CAPÍTULO 17

Cómo mejorar en la intimidad dentro del matrimonio

La tarde era tan deliciosamente cálida que el Sabio optó por mantener nuestro encuentro en la pequeña terraza donde cabían exactamente una pequeña mesa con tres sillas. Estábamos algo apretados en un espacio tan reducido, pero en aquel balcón parecían concentrarse todos los rayos de sol de la primavera madura; el clima era inmejorable.

—Siempre me ha llamado la atención —el Sabio volvió a recurrir a la Biblia—, que cuando Dios hubo concluido la obra de la creación y todo estuvo terminado, incluidos el hombre y la mujer, el Creador dijera lo siguiente: «Dejará el hombre a su padre y a su madre, y se unirá a su mujer».[1]

Rio al terminar la lectura y nos preguntó:

—¿Qué os parece? Así lo dice el relato que aparece en el libro del Génesis, el primero de la Biblia —nos dedicó una mirada escrutadora—. Decidme algo, ¿no os parece una orden extraña? —volvió a recitarla—: «Dejará el hombre a su padre y a su madre». Es una instrucción que parece absurda.

—¿Absurda? ¿Por qué le parece absurda? —indagó Esther.

—Pues porque está dirigida a Adán. ¿Entendéis?, Dios le dice a Adán que debe dejar padre y madre para unirse a Eva. ¿A qué padre y a qué madre podía dejar Adán? ¿A la madre tierra? —el Sabio insitía—. ¿Quiénes fueron los padres de Adán? ¿Acaso no fue creado del polvo de la tierra?

Esther yo reímos al constatar que la perplejidad del Sabio estaba totalmente justificada. Nunca habíamos reparado en ese detalle y mi esposa apuntó:

—Es cierto. ¿Qué sentido tenía para ellos esa instrucción?

El Sabio se acarició la barbilla, reflexivo, y luego comentó:

—Es evidente que esas palabras no iban especialmente dirigidas a ellos, sino a las generaciones posteriores. Por eso la instrucción se repite cinco veces a lo largo de la Biblia. Se trataba de un consejo en clave preventiva y dirigido a cuantos en el discurrir de la historia decidiesen establecer núcleos familiares. Adán y Eva no tenían ascendientes que pudieran atentar contra su intimidad o interferir en su relación, pero sus descendientes sí los tendrían y ese consejo sería medicina preventiva que, como sabéis, siempre es mucho más eficaz que la curativa.

—Parece muy lógico lo que usted dice —reconocí—. El consejo fue dado en el principio de la historia para que nadie se quedara sin la opción de recibirlo.

—Y eso denota la tremenda importancia del consejo —interrumpió el Sabio—. ¿Sabéis que este libro —sacudió la Biblia— tiene mil ciento ochenta y nueve capítulos?, y que ya en el segundo capítulo se incorpora la instrucción de que la intimidad es algo fundamental en el matrimonio, pero además se repite otras cuatro veces a lo largo de sus páginas. Sin duda es importante que el hombre y la mujer creen su espacio íntimo y lo protejan celosamente, no admitiendo intromisiones.

> **Mantener la intimidad en el matrimonio no es fácil, pero sí es posible y totalmente necesario. El hombre y la mujer que deciden preservarla, fomentarla y reforzarla, logarán que las aproximaciones de otras personas no se conviertan en intromisiones.**

Entonces el anciano tomó dos folios y los giró hacia nosotros. El primero tenía escrita la palabra ÉL, y el segundo exhibía un enorme ELLA, ambos con tinta negra.

Entonces explicó:

—El texto que hemos leído dice: «*Se unirá a su mujer*» —se acodó en la mesa, inclinándose un poco hacia nosotros, en un intento de neutralizar toda posible distracción—. Escuchad la palabra que aquí se traduce como *unir*, es una expresión hebrea que significa literalmente: «Adherir». «Pegar con pegamento».

»Si tomamos como ejemplo estos dos folios que simbolizan al hombre y a la mujer, y los unimos con pegamento —a medida que relataba el proceso lo iba ejecutando, impregnando ambas hojas con adhesivo y uniéndolas luego—, podemos extraer un gran principio: cuando dos vidas están perfectamente adheridas, es en verdad difícil introducir nada entre ambas».

Y así era. El Sabio nos mostró los dos folios pegados y pude comprobar que era francamente difícil que algo pudiera introducirse entre las dos superficies de papel que habían llegado a convertirse en una sola cosa. El anciano prosiguió con su historia:

—¿Veis? Hace un instante eran dos elementos, pero ahora conforman una sola pieza. La matemática del amor es la única ciencia en la que uno más uno da como resultado uno. Del mismo modo, entre dos personas que se unen siguiendo este mismo patrón, es verdaderamente difícil que algo o alguien se entrometa.

—¿Qué tipo de intromisiones suele sufrir un matrimonio? —quise saber, aunque creía conocer el nombre de algunas de ellas.

El Sabio echó la cabeza hacia atrás y cerró los ojos en un gesto que era característico en él y que denotaba máxima concentración.

—Hay varias agresiones que un matrimonio puede padecer —dijo—. Unas son bien intencionadas y otras llegan respaldadas por la mala intención. Por ejemplo, es muy importante proteger la unidad familiar de las personas que buscan dañar la confianza de la pareja. Me refiero a individuos que sufren con la felicidad de otros e intentan desbaratarla. Por desgracia, siempre hay quien desea sembrar la discordia —se inclinó hacia nosotros y alternó su mirada entre Esther y yo mientras nos instaba con vehemencia—: No hagáis caso fácilmente a quienes acusan a vuestra pareja ni deis crédito a todo rumor. Hay personas que difaman, personas que introducen nubes de sospecha sobre el cielo azul del matrimonio. No os estoy invitando a desestimar todo rumor, sino a contrastarlo con vuestro cónyuge y a no prestar oídos a todo difamador, porque lamentablemente suelen abundar los que, envidiosos de la felicidad de otros, intentan destruirla. La confianza es uno de los mayores activos en el matrimonio y debemos defenderla confrontando las dudas, por pequeñas que estas sean, con cariño y transparencia.

> No hagáis caso fácilmente a quienes acusan a vuestra pareja ni deis crédito a todo rumor. Hay personas que introducen nubes de sospecha sobre el cielo azul del matrimonio. Confrontad con vuestro cónyuge aquellas dudas que surjan. Hacedlo con cariño y transparencia.

»Y proteged vuestro matrimonio de la infidelidad —aconsejó, y su gesto se tornó algo áspero, casi duro—, entre las cosas que debemos custodiar con mayor celo se encuentra la fidelidad. Estoy convencido de que quien es capaz de romper el voto que le hizo a su cónyuge, es capaz de engañar a cualquiera. Ya os dije lo que pienso que es verdadera hombría. ¿Lo recordáis?».

—¿Cómo decía aquella frase...? —me esforcé en recordar—. ¡Sí, creo que la recuerdo!: «Quien conoció y amó a su mujer toda la vida, sabe más de amor que aquel que conoció a mil mujeres».

—¡Así es!

Un verdadero hombre no es aquel capaz de estar con cien mujeres, sino el que es fiel a la suya.

Esther y yo bebíamos las palabras del Sabio y no quisimos decir nada que pudiera interrumpir la línea de argumentación que tomó. Lo cierto es que cada reflexión daba en la diana y contenía algún principio importante, capaz de actuar como una columna fuerte para el matrimonio.

—Y poned también mucho cuidado en proteger vuestra relación de terceras personas con buena intención pero cuya aproximación puede convertirse en intromisión. Es posible que alguien, movido por intenciones loables, se aproxime al círculo íntimo del matrimonio para dar consejos que nadie le pidió o intentando intervenir sin que la pareja lo solicite. Incluso los que irrumpen en la intimidad del matrimonio, empujados por la mejor de las motivaciones, pueden introducir elementos de discordia. La puerta de acceso al matrimonio solo debe abrirse desde adentro.

—¿Se refiere a los suegros y las suegras? —reí.

—¡Qué palabra tan difícil!, ¿verdad? —bromeó el anciano—. Hace que a muchos se les erice la piel. Pero lo cierto es que uno de los focos de conflictos matrimoniales es la relación con las familias de los cónyuges. Todos asumimos que cuando un bebé nace es preciso cortar el cordón umbilical que une al recién nacido con la madre, pero resulta mucho más difícil asumir que también el cordón emocional que une a padres e hijos debe ser cortado.

»Cuando casé a mis hijas, debí aceptar que se cerraba un ciclo y que los recién casados precisaban de intimidad e independencia. No asumir esto nos llevará a insistir dando consejos que no se nos pidieron e incluso podemos llegar a imposiciones. Eso no logra otra cosa que propiciar enfrentamientos y sembrar discordia en el nuevo matrimonio.

—¿Está diciendo que debemos distanciarnos de nuestros padres? —inquirió Esther.

—Es bueno mantener una distancia prudente —matizó el Sabio—. Lo que no implica, en modo alguno, alejarnos de ellos.

—No lo entiendo —reconocí—. Mantener una distancia es alejarse; al menos así lo entiendo yo.

—Debemos establecer límites en base al amor y al reconocimiento que como padres nos merecen. Podemos solicitar su ayuda cuando la precisemos, honrarles y agradecerles por lo que hicieron cuando éramos solteros y darles la justa cabida en nuestra vida de casados. A eso me refiero —señaló, y calculó la siguiente frase—. No está reñido el respeto y el reconocimiento que les debemos con la intimidad y el espacio que ahora precisamos. Se trata simplemente de entender que hay unas fronteras, invisibles pero reales, que es necesario respetar, de modo que cada hogar tenga su espacio, independencia e intimidad.

El Sabio nos acompañó hasta la puerta y nos abrazó cuando nos despedíamos. Al ver cómo prolongaba durante unos segundos el abrazo, tuve la sensación de que eran pocos los encuentros que quedaban. Yo mismo lo abracé más fuerte, en un intento de perpetuar un encuentro que tanto y tan bueno me había aportado.

CAPÍTULO 18

La relación con los hijos

—¡Qué sorpresa! —exclamó el Sabio cuando acudió a abrir la puerta y nos encontró allí—. No os esperaba.

—Es cierto —reconocí con un tono de voz que pedía disculpas— no habíamos quedado, pero es que tenemos una gran noticia y no podíamos esperar.

En su rostro se notaba la intriga y la expectación. Nos miró como si tratara de adivinar el carácter de la noticia que íbamos a darle.

—A juzgar por la alegría que se trasluce en vuestro gesto solo puede tratarse de algo bueno, eso me tranquiliza, pero ¿qué puede haberos ocurrido en los dos días en que no nos hemos visto? Me tenéis en ascuas —confesó—. Pasad, por favor, pasad y decidme qué noticia es esa.

Adelanté mi pie derecho en dirección a la entrada cuando...

—¡Estamos esperando un hijo! —gritó Esther sin poder callarlo por más tiempo, y sin siquiera cruzar el umbral de la puerta.

La reacción del Sabio nos sorprendió. Dio un salto de alegría, y después otro y otro más. No pude evitar reírme a carcajadas. El venerable anciano, siempre tan comedido, parecía haberse transformado de golpe en un adolescente. Observándole con sus manos levantadas y brincando de esa manera me sentí profundamente agradecido por la enorme empatía del Sabio que le llevaba a gozar de nuestra dicha como si fuera propia.

—¡Bravo, bravo y bravo! ¡Eso sí que es una gran noticia! —exclamó—. La mejor que pudierais darme.

Se acercó y envolvió con sus brazos a Esther, después a mí y finalmente nos unimos los tres en un cálido e interminable abrazo.

—¿Buscabais el bebé? —preguntó enseguida—. ¿Desde cuándo lo sabéis? ¿De cuánto estás? ¿Para cuándo esperáis que llegue? ¡Caray!, ¡estoy emocionado! —exclamó retirando con el dorso de su mano una lagrimilla que le asomó.

Esther rio divertida y halagada por la impaciencia y la emoción del Sabio. Ese interés tan genuino era un claro síntoma de que éramos como sus hijos. Sentía un cariño sincero y genuino, igual que nosotros por él.

Cuando acabó de reír, Esther comenzó a responder los interrogantes formulados por el Sabio:

—A la primera pregunta la respuesta es un rotundo *sí*.

—Buscábamos el bebé. Lo anhelábamos desde hacía mucho tiempo, aunque últimamente el deseo casi se había apagado a fuerza de discusiones —reconocí—; estábamos demasiado ocupados reprochándonos todo y no habría sido justo traer un bebé a un hogar en el que faltaba la armonía. Pero desde que usted comenzó a mostrarnos los principios para restaurar la familia, y viendo el efecto que provocaban en nosotros, las brasas volvieron a avivarse y resurgió el anhelo de ser padres.

—Y la gran noticia la conocemos desde hace apenas unas horas.

—¿Os habéis enterado hoy? —el Sabio estaba perplejo.

—Comenzamos a sospecharlo un par de semanas atrás —explicó Esther—. Siempre he sido muy normal con mi menstruación, así que cuando tuve un retraso sospeché que la criaturita podría estar en camino. Pero fue hoy mismo cuando me hice la prueba que lo confirmó.

—Se lo hemos comunicado a nuestros padres y enseguida a usted —advertí—. Y a su pregunta de «¿para cuándo lo esperáis?», dentro de unos ocho meses, si Dios quiere, tendremos al bebé en nuestros brazos.

—¡Cuánto me alegro! —sus palabras estaban impregnadas de una sincera alegría—. De verdad, os agradezco mucho que me lo hayáis dicho.

—Sabíamos que se alegraría —comentó Esther muy complacida—, aunque no me imaginé que tanto. Pero lo cierto —sonrió con cierta picardía— es que el comunicárselo con tanta premura no es del todo desinteresado.

El Sabio nos miró con extrañeza e inquirió:

—No te entiendo bien. ¿Qué quieres decirme?

—Bueno, es que... —salí en ayuda de mi mujer—, nos gustaría mucho si pudiera darnos algún consejo.

—Lo que nos ocurre —admitió ella— es que esto de ser padres nos impone bastante. Estamos seguros de que implicará cambios fuertes y nos gustaría anticiparnos. ¿Hay algún consejo que pueda darnos?

De forma totalmente espontánea volvió a abrazarnos y, viendo su inmensa alegría y el desbordante cariño que demostraba, comprendí que el buen hombre se sentía como si le hubiéramos hecho abuelo.

Tras el abrazo nos regaló una bellísima sonrisa e hilvanado en ella llegó el primer consejo:

—Lo primero y más importante es que disfrutéis de este momento. Vividlo con toda la intensidad que os sea posible. Sacad el jugo a cada instante de esta experiencia: la primera náusea —mantuvo la mirada en Esther—, el primer kilito de más, la primera ecografía, el primer movimiento de la criatura en tu vientre.

Después dirigió a mí su mirada.

—Haced juntos la preparación para el parto, acudid los dos a comprar la ropita y los accesorios para el bebé. Convertid vuestro hogar en una sociedad indisoluble que espera con ansia, ilusión y expectación la llegada del primero y más grande fruto: un hijo. Nada es equiparable al regalo de una vida gestándose en las entrañas. Es una experiencia tan única e incomparable que vale la pena saborear cada instante.

—Sí —reconoció Esther—. Estamos dispuestos a que esta experiencia nos haga felices y a hacer feliz a la criatura que Dios nos regale.

—Lo cierto es que desde el mismo instante en que empezamos a sospechar que algo se gestaba aquí adentro —acaricié el vientre de mi esposa— nos sentimos mucho más unidos. No sé, es como si nuestra relación se hubiera consolidado y se incrementase la atracción que sentimos el uno por el otro.

Esther asintió varias veces con la cabeza antes de añadir:

—Y la expectativa de la llegada del bebé también ha conseguido que algunas cosas a las que antes dábamos demasiada importancia ahora no sean tan importantes, pequeñas tonterías que nos ofendían y que sobrevalorábamos; ahora les damos su justa medida.

—Y con la llegada del bebé se iniciará otra etapa realmente deliciosa —el Sabio guardó un instante de silencio y percibí cierta añoranza—. ¡Cómo recuerdo las risas de mis hijas y sus carreras por la casa!

Se le quebró la voz con la emoción y decidimos guardar silencio.

—Fueron un enorme regalo de Dios para Lucía y para mí. Con su alegría inundaban de luz cada estancia. No hay nada comparable al milagro de ver reproducirse la vida y disfrutarla en unidad y armonía. Contemplar cómo nace y crece una vida en el hogar es simplemente único y maravilloso.

—¿Se fueron hace mucho? —indagué—. Me refiero a sus hijas, ¿hace mucho que se casaron?

—Demasiado —suspiró—. Una por razones de su trabajo tuvo que mudarse a Berlín y la otra se casó con un hombre extraordinario, pero su empresa le trasladó a Estados Unidos, lo cierto, es que casi de un día para otro, Lucía y yo nos encontramos con toda la casa para nosotros dos —volvió a emocionarse—. Sí, la casa se quedó vacía, pero el corazón y la mente no. Estos se convirtieron en valiosos cofres que atesoraban recuerdos —había un brillo magnífico en su mirada—. Llega un momento en que la memoria es un poderoso archivo rebosante de tesoros: buenos y bellos recuerdos. Por eso es que insisto en que registréis cada vivencia y experiencia que sea gratificante. Ahora mis hijas me llaman con frecuencia y vienen un par de veces al año a visitarnos; cuando añoro su presencia me recreo en los bellos momentos que tuvimos, es como si volviese a vivirlos.

—Debió de ser duro verlas partir del hogar—comenté.

—¿Os queréis creer que una semana después de que Noa se hubo casado me levanté un día y le preparé su leche con Cola Cao?

—¿Le preparó el desayuno aunque ya no vivía aquí? —quiso saber Esther.

—Siempre lo hice desde que Noa comenzó a estudiar. Eso le permitía regatearle cinco minutos al despertador. Aquella mañana mantuve la costumbre e incluso esperé a que Noa entrase en la cocina. Claro, nunca ocurrió.

—¡Buufff! —resoplé—. Parece increíble.

—Pero lo mismo me pasó cuando se casó la mayor. Días después de la boda de Beth, fui al supermercado a hacer la compra y eché en la cesta las galletas de chocolate que a ella más le gusta-ban. Cuando Elisabeth sabía que íbamos a hacer la compra siem-pre nos decía: «¡No os olvidéis de mis galletas de chocolate!». Aquel día vine con tres paquetes. Solo al llegar a casa reparé en que Elisabeth no estaba para comérselas.

—Tiene su punto cómico, pero debió de ser muy duro —advir-tió Esther.

—No os podéis imaginar las veces que abrí la puerta de sus cuartos esperando encontrarlas estudiando en el escritorio, o tumbadas en la cama y escuchando música —una leve pátina de humedad se mecía en sus ojos—. ¡Y cómo añoraba ver sus zapa-tos en medio del salón o sus faldas y blusas sobre las sillas! Aquello que antes me molestaba ahora lo echaba muchísimo de menos.

De pronto el Sabio hizo un ademán de sacudir la cabeza, como si quisiese espantar una nube de recuerdos.

—¡Ya estoy como siempre! —replicó—, torturándoos con mis batallitas.

—¡No diga eso! —rogó Esther—. Nos gusta escucharle.

—Os lo digo de verdad —su tono era imperativo—, cuando llegue el bebé disfrutad de los cambios que ocurrirán: el desorden de la casa, los ruidos, los cambios en los horarios, la pérdida de libertad para salir cuando queráis o ir a donde os apetezca. Disfrutad incluso del hecho de no poder ver los programas de televisión que queréis, o de tener que hacer compra extra, hasta de los gastos que supone la paternidad debéis disfrutar, porque os garantizo que todo estará compensado con creces. Cada céntimo gastado en un hijo es una buena inversión. Muchos darían todo lo que tienen por ver una vida creciendo junto a ellos. Disfrutadlo porque llegará un día en que desearéis todo eso que al principio os perturba. Cada sacrificio realizado en aras de la paternidad produ-ce un rendimiento incalculable.

—Lo haremos —le afirmé—. Estoy seguro de que disfrutaremos de cada momento.

—Ya lo estamos haciendo —Esther tomó mi mano y me pareció increíble que solo unas semanas atrás nuestra relación hubiera sido tan fría.

—Pero a la vez tenéis que estar preparados para hacer ajustes —advirtió—. Los hijos son, sin lugar a dudas, una bendición. Pero como ocurre con la leña para el fuego, que en exceso ahoga, así a veces, la llegada de un bebé implica ajustes que pueden restar intimidad a la pareja. Debéis estar atentos para proporcionarle oxígeno a vuestra relación.

—Quiere decir que tengamos cuidado en dedicarnos tiempo el uno al otro, ¿verdad? —quise asegurarme.

—La llegada del primer bebé suele conllevar cambios que hay que ir asimilando —explicó el anciano—. Todo sufre una transformación. La atención que antes se volcaba de forma exclusiva en nuestro cónyuge ahora tenemos que compartirla con un bebé que mostrará unas exigencias de tiempo y atención inaplazables y a veces difíciles de satisfacer. A esto hay que añadir la enorme presión que supone atender a un niño siendo padres primerizos. Pagamos la novatada de lleno. Todo nos asusta. No sabemos por qué llora y pensamos lo peor. Cualquier mínimo sobresalto es suficiente para salir corriendo al hospital. Nos agobiamos si come poco y que coma demasiado nos angustia. «¿No le alimentará mi leche?», se pregunta la madre cuando el niño pierde unos gramos. «¿Estará creciendo obeso?», se cuestionan los papás con angustia si el bebé ganó peso esa semana. En fin, la primera paternidad genera una crisis sin precedentes.

El Sabio rio al observar nuestro gesto de estupor y optó por tranquilizarnos:

—Respirad, respirad... pese a todo, la experiencia es radicalmente positiva, vale la pena, ¡ya lo creo que sí! Se trata simplemente de aprender a conservar la calma. Esa época de novedades pasará, dando lugar a otros ciclos diferentes y llenos de satisfacciones.

Se aproximó a uno de los muebles de la cocina y extrajo una bolsita de frutos secos. La abrió y volcó el contenido sobre un plato.

—Comed —nos animó—. En especial tú, Esther, tienes que alimentarte bien, pues ese angelito tirará de tus reservas. Deja que te prepare un buen zumo de naranja, que tiene muchas vitaminas.

—No se moleste, por favor —pidió mi mujer—. Lo cierto es que casi me está ocurriendo al contrario. Tengo menos apetito que antes, pero me estoy esforzando por comer.

—Eso está bien —elogió mientras exprimía unas naranjas—. Debes esforzarte por comer, especialmente cosas sanas.

En un tiempo récord el anciano le ofreció a Esther un vaso lleno de zumo.

—Toma, te hará mucho bien —observó con satisfacción como mi esposa apuraba el vaso hasta el final, y complacido retomó el asunto del que estábamos hablando—: En cuanto a vuestra petición de que os dé algún consejo para esta etapa. No os ocultaré que es conveniente estar preparados para que la llegada de un bebé no origine conflictos en el matrimonio. Hay áreas bien localizadas que suelen acusar de manera más sensible los cambios que conlleva la natalidad. En efecto, son tan concretas que podemos enumerarlas sin demasiada dificultad.

Tomé mi cuaderno y me dispuse a anotarlas.

—El primer cambio que se acusa con la llegada del bebé, ya os lo he mencionado y se trata de que la atención que antes volcábamos en exclusiva sobre nuestra pareja, ahora debe repartirse con el recién llegado, y los bebés demandan mucho tiempo y dedicación. Esto puede originar cierta distancia en el matrimonio. Debemos asumir que será inevitable repartir la atención, pero debemos buscar el adecuado equilibrio para no desatender la relación con nuestro cónyuge.

El primer cambio que se acusa con la llegada del bebé es que la atención que antes volcábamos en exclusiva sobre nuestra pareja, ahora debe ser compartida con el recién llegado.

—Me imagino que las salidas y los paseos en pareja se verán afectados —aventuré.

—Eso es inevitable —admitió—, pero es un aspecto que el matrimonio debe cuidar. Es muy conveniente buscar tiempo para estar solos, pasear, conversar y comunicarnos. Para los abuelos puede suponer una gran alegría pasar una tarde con su nieto, y para el matrimonio un verdadero balón de oxígeno y un grato tiempo de expansión. Algo tan sencillo como un paseo por el parque puede ser muy restaurador para la intimidad disminuida de un matrimonio.

—Veo que insiste en que esposo y esposa deben buscar tiempo para estar juntos —comenté.

—Es lógico. Al fin y al cabo cuando pasen los años el bebé se convertirá en un niño y antes de que os deis cuenta en un joven y llegará el momento en que volará del hogar. Sin embargo, la persona con quien nos hemos casado siempre estará a nuestro lado y esa es la relación que más debemos cuidar, mimar y fortalecer. Lamentablemente algunos padres se volcaron tanto en los hijos que cuando estos salieron de casa para formar su propio hogar, esposo y esposa repararon en que, a fuerza de atender a los hijos, habían descuidado la relación entre ellos. Eran casi dos extraños; tenían poco o nada en común y con la marcha de los hijos acusaban un atroz vacío en el hogar.

»Una frase interesante que recordé muchas veces cuando mis dos hijas salieron del hogar es la que escuché de recién casado. Creo que fue un amigo quien me la dijo, pero no estoy del todo seguro. Lo que recuerdo a la perfección es el enunciado del consejo, decía así: "Los hijos son tu vivir, los hijos son tu existir, pero no siempre los hijos estarán en tu vivir y en tu existir"».

—Es así —reconoció Esther—, pero no debe ser nada fácil aceptar el cambio. Quiero decir, la convivencia con los hijos debe ser tan intensa que cuando ellos forman su hogar deben dejar un gran vacío.

—Hay un síndrome al que se denomina, del nido vacío, y describe la situación en la que queda el hogar paterno cuando los hijos se casan o se independizan —explicó el anciano—. El cambio es fuerte pero, cuando lo aceptamos y asumimos, no tiene por qué provocar daño al matrimonio. El periodista estadounidense Hodding Carter afirmó que: "Solamente dos legados duraderos podemos aspirar a dejar a nuestros hijos: uno, raíces; el otro, alas"».

—Creo que ese periodista acertó. Las raíces implican amar la tierra donde crecimos, la educación recibida y las personas que nos rodearon. Las alas conllevan la capacidad de emprender el vuelo en libertad.

—Tu análisis me parece muy correcto —dijo el Sabio, y dejó ver un matiz de pudor al seguir su comentario—. Espero que no os parezca osado o impertinente por mi parte si os hablo acerca de otro tema delicado que se ve alterado con la llegada del bebé.

—Por favor, hágalo —le pedí—. Hemos venido a verle porque necesitamos sus consejos.

—Me refiero a la intimidad sexual —me pareció simpático que el rubor tiñera sus mejillas cuando siguió adelante—. Con el nacimiento del bebé los encuentros íntimos se hacen más complicados y la relación sexual puede verse afectada. Nuestra habitación ha sido invadida por un «extraño», aunque este sea queridísimo y esperadísimo.

Hay que reconocer que una cuna con un ser vivo junto al lecho marital puede suponer una seria interferencia para algo tan íntimo como la sexualidad. Además, la intensidad de la atención que el bebé requiere puede saturar nuestra mente y alterar nuestro ánimo, haciendo que estemos menos predispuestos para los encuentros de la intimidad. Para evitar conflictos deberíamos tener en cuenta tres elementos clave:

1. Comunicación para expresar nuestras necesidades.
2. Respeto y cariño para intentar suplirlas.
3. Comprensión cuando nuestro cónyuge viva momentos delicados en los que le resulte imposible cubrir nuestras expectativas.

> **Otro ajuste tiene que ver con la intimidad sexual en el matrimonio. Con el nacimiento del bebé los encuentros íntimos se hacen más complicados y la relación sexual puede verse afectada. Comunicación, respeto y comprensión son la clave.**

Yo escribía casi cada palabra del Sabio, con el objetivo de que luego pudiéramos analizarlas en casa. Viendo mi dedicación y atención me comentó:

—Queda aún un punto más que me gustaría anticiparos. Se trata de la educación del futuro bebé. Es muy importante sentar determinadas bases e intentar establecer un criterio común con el fin de que no se convierta en un foco de discusiones a causa de puntos de vista diferentes. La educación contiene corrección y disciplina, a la vez que premios y refuerzos. Ambos aspectos son parte integral y vital de la educación. Pero ocurre que a veces el padre y la madre discrepan respecto a qué cosas merecen disciplina, así como en el tipo de intervención que corresponde a cada caso.

»Cuando prevalece el diálogo en la pareja, estas diferencias se van subsanando. Es necesario tener paciencia y reforzar la comunicación para establecer unos criterios comunes sobre los diferentes aspectos de la educación. Me refiero a unos parámetros para educar y unas normas generales en las que ambos miembros de la pareja coincidan. Pese a todo, incluidas las diferencias de criterio, debe prevalecer el respeto. Jan Blaustone expresó una verdad esencial: "Nunca se siente más seguro un niño que cuando sus padres se respetan"».[1]

La educación de los hijos requiere un alto grado de comunicación y diálogo en el matrimonio. Es importante sentar determinadas bases y establecer un criterio común con el fin de que no se convierta en un foco de discusiones a causa de puntos de vista diferentes.

Esther y yo nos miramos y el Sabio debió apreciar en nuestros rostros el respeto, casi temor, que nos imponía el tema. Ella suspiró y dijo:

—¡Madre mía, lo que se nos viene encima!

Yo estaba de acuerdo.

—Con razón la gente dice que esto de ser padres es el oficio más difícil.

—Sí —reconoció el Sabio—. Tuve la ocasión de escuchar a Michael Jordan, el que probablemente haya sido el mejor jugador de baloncesto de todos los tiempos, cuando en 1993 comunicó en una rueda de prensa en el United Center de Nueva York, que se retiraba del deporte profesional. Los periodistas entendieron que ese paso llegaba mucho antes de lo esperado y le interrogaron acerca de qué iba a hacer a partir de ese momento, él respondió: «A partir de ahora voy a ejercer el oficio más difícil. A partir de ahora voy a ser padre» —rio el anciano, y su risa llenó el ambiente de algo muy positivo.

Luego intentó tranquilizarnos:

—No debéis tener miedo —se inclinó lo suficiente como para posar sus manos sobre nuestros hombros—. De verdad, no hay razón para el temor. Todo lo contrario, ser padres es un inmenso regalo y solo hay motivo para la alegría. Es cuestión de dejar que prevalezca el diálogo y el respeto entre los dos.

—Me imagino que si nos respetamos el uno al otro no tiene por qué surgir el conflicto —lo que formulé era una declaración de buenas intenciones más que una pregunta.

—Correcto. Cuando prevalece el respeto se aleja la discordia. Y ese respeto os llevará a no desautorizar a vuestro cónyuge.

—¿Desautorizar? —interrogó Esther.

—Algunas crisis de autoridad y también de relación se dan cuando los cónyuges se desautorizan mutuamente. Me refiero al hecho de que uno de los dos da una opinión acerca de lo que el hijo debe hacer y el otro discrepa sinceramente delante del hijo. En este caso el daño es doble, por un lado mina la relación y por el otro desconcierta al hijo, que no sabe a cuál de los dos debe hacer caso, y al final suele decantarse por aquel cuya opinión le resulte más favorable.

»A partir de ese momento, la criatura va conociendo quién es el más tolerante, y se aprovechará para sacar todo el beneficio posible. Como podéis imaginar este problema resta eficiencia al proceso de la educación».

—Así que si discrepamos de lo que el otro hizo no debemos pronunciarnos delante de los hijos —interpreté.

—A eso me refiero —concedió el Sabio—. El objetivo que debemos perseguir no es solamente educar y corregir a nuestros hijos, sino lograr que la corrección produzca unos resultados positivos, y la consecución de este objetivo pasa porque los padres no se hagan la guerra entre sí a la hora de educar a sus hijos. Es fundamental la sintonía entre el padre y la madre.

»Si el padre le dice a su hijo que debe utilizar los cubiertos para comer, la madre le debe apoyar y viceversa. No debe caer en la trampa de decir: "Déjalo si no quiere usar los cubiertos, lo importante es que coma"».

—Y en los casos en que se hace necesario aplicar disciplina —quise saber—, ¿cómo nos ponemos de acuerdo?

—Lo deseable a la hora de corregir a un muchacho, y en especial cuando se trata de aplicar disciplina, es que exista un acuerdo previo, pactado entre el padre y la madre. Eso puede requerir tomarse tiempo antes de aplicar la corrección. Es decir, que tal vez la intervención no será inmediata, pero no debe preocuparnos diferir la disciplina por un poquito de tiempo; la corrección no es más eficaz por el hecho de aplicarse de manera instantánea.

»Si uno de los cónyuges está ausente cuando el hijo comete la "fechoría", es posible y conveniente que advirtamos al niño de que aquello que hizo tendrá alguna consecuencia y que papá y mamá se pondrán de acuerdo, y luego hablaremos al respecto. Esa actitud refuerza el efecto de la futura corrección, además de conferir al matrimonio una imagen de solidez que hará mucho bien a nuestros hijos. Pero si por alguna razón uno de los dos vio necesario intervenir corrigiendo, el otro no debería desautorizarle delante del hijo.

»Si existe discrepancia ¡claro que es posible y, también necesario, expresarla!, pero no delante de los hijos. Este es un punto muy importante —advirtió con mucha vehemencia—. Creo que nunca insistiremos demasiado sobre la necesidad de no discutir delante de los hijos. Los cambios de impresión es mejor tenerlos cuando ellos no estén presentes.

»Esto es por dos razones: evitar que sufran al ver discutir a sus padres y evitar que luego intenten sacar ventaja de aquel de los dos que ellos perciben más condescendiente y menos estricto».

Si uno de los dos ha visto necesario intervenir corrigiendo al hijo, y el otro no está de acuerdo, no debería desautorizarle delante del niño. Abordar las diferencias de criterio delante de los hijos mina la autoridad de los padres y la confianza de los niños.

—¿Y no podríamos los padres ponernos de acuerdo antes de que surjan los conflictos? —pregunté—. ¿No sería positivo tener un criterio previo antes de que sea necesario intervenir?

—Desde luego que sí —admitió el Sabio—. Puede ser muy conveniente ponerse de acuerdo a priori, aunque todavía no haya ocurrido nada. Dialogar sobre el modo de actuar ante situaciones concretas. Que los esposos hablen siempre es positivo, y que acuerden medidas de intervención *por si los hijos precisaran ser corregidos*, es una postura sabia. Hará falta, como siempre que intervienen dos o más personas en una decisión, que cada uno ceda en algo de su idea inicial para lograr un acuerdo sin imposiciones.

»Pero no olvidéis nunca que por mucho que os esmeréis cometeréis errores. No debéis afligiros en extremo ni desanimaros. Cuando eso ocurra recordad el acertado consejo de no permitir que los errores del pasado condicionen nuestro futuro. A veces los fracasos pueden servir de impulso idóneo para los éxitos».

—Me pregunto —repuso Esther— ¿cómo harán esos matrimonios que tienen hijos que no son de ambos? Me refiero a los casos en que uno de los dos trajo algún hijo, fruto de relaciones anteriores.

—Tiene que ser difícil —admití—. Si de por sí la paternidad es complicada, seguramente se complicará todavía más.

¿Cómo obrar cuando no son mis hijos biológicos? ¿Qué actitud debo tomar frente a los hijos que mi pareja ya trajo al matrimonio?

—En parte tenéis razón —reconoció el Sabio—, pero esa es una circunstancia cada vez más frecuente y que no debería bloquear a nadie o llevarnos a pensar que la relación familiar será inviable. Solo es cuestión de tener en cuenta determinados aspectos que ayudarán a solventar las dificultades.

—¿Nuevas columnas?

—Digamos que son unos principios de obligado cumplimiento —aclaró—. Por ejemplo, es vital combatir el favoritismo y la parcialidad. No tratar de igual modo a quienes son hijos biológicos y a los que no lo son, es una fuente de discrepancia y un caldo de cultivo de discusiones y desencuentros.

»Cuando decido unirme a una persona debo entender que le acepto íntegramente y que decidimos compartir la vida. Es decir, le acepto a él y a sus circunstancias, entre las cuales pueden encontrarse los hijos que él o ella traigan. Es fundamental que los trate como si fueran míos, es más, debo conseguir amarles como míos».

Cuando se forma una familia en la que uno, o los dos, aportan hijos de relaciones anteriores, es fundamental que no haya parcialidad ni favoritismo. Debemos esforzarnos por tratar a esos hijos con el mismo amor y cariño que a los biológicos.

—Me imagino —aventuré— que eso implica darles la misma dosis de cariño, de abrazos, de aceptación...

—Y de educación, corrección, enseñanza y disciplina —advirtió el Sabio.

—Entiendo que una gran responsabilidad recae también sobre el que ostenta la paternidad o maternidad biológica. Quiero decir que el padre o la madre biológicos deben enseñar a sus hijos a aceptar y respetar al nuevo padre o a la nueva madre.

—Eso es esencial —aseguró—. El hijo se siente hijo si la parte biológica le enseña a respetar al padre adoptivo. Si la esposa trajo a su hijo de una relación anterior, debe fomentar en él un claro respeto hacia el nuevo marido, no permitiendo que le rechace ni menosprecie. Esto no siempre se consigue desde el primer momento. Y a veces es conveniente no forzar la velocidad de adaptación. Los dos padres deberán usar de paciencia, tacto y sabiduría para ir venciendo poco a poco la resistencia que pueda mostrar el niño. Hay muchos casos en que la relación comienza con una notable hostilidad, pero a base de grandes dosis de cariño y comprensión, el nuevo padre o la nueva madre terminan ganándose la aceptación y hasta el amor del niño o la niña.

»Debemos comprender que la nueva situación no es culpa de los hijos, sino que se produce por una decisión de los padres, y por ese motivo se necesitan comprensión y empatía para llegar a ponernos en su lugar».

En la puerta, justo en el momento de la despedida, el anciano posó su mano en mi antebrazo y se inclinó hacia mí para susurrarme un último principio:

—Y nunca olvides que amar a la madre es lo mejor que un padre puede hacer por sus hijos.

Inclinó entonces la cabeza en un gesto de despedida y la puerta que se cerraba lentamente, le ocultó de nuestra vista.

EPÍLOGO

El legado del Sabio

La tarde es perfecta en su quietud. Sobre nuestras cabezas el cielo es de un azul purísimo, casi blanco, aunque sobre el horizonte algunas nubes coquetean con el sol, y al contacto con sus rayos, quedan teñidas de rosa, naranja y violeta. El beso de los tenues rayos produce una sensación suave y confortable. Sostengo el volante del automóvil, que se desplaza lentamente por una estrecha carretera surcada, a derecha e izquierda, de frondosa vegetación.

A mi lado viaja Esther y justo detrás de mí está el Sabio. Le observo en el espejo retrovisor, con el rostro pegado al cristal de la ventana, disfrutando del hermoso paisaje. No quiso el asiento del copiloto por más que mi mujer le insistió para que se sentara adelante.

—¡Faltaría más! —bromeó el anciano con su característica y agradable sonrisa—. Llevamos meses hablando de lo importante que es la unidad en un matrimonio y ahora voy a sentarme ahí delante para separaros... ¡de ninguna manera!

La semana anterior, en nuestro último encuentro, Dios quiera que en realidad no lo sea, el Sabio nos miró con nostalgia.

—Me siento tan contento de vuestra evolución —dijo—. Parecéis dos recién casados.

—No crea —bromeé yo—. Si usted nos viera en casa...

—Vería que estamos profundamente enamorados —intervino Esther, a quien no le gustaba bromear con nuestra crisis superada.

Y yo pensé que probablemente mi mujer hacía bien al no permitir que se trivializase una situación tan compleja. Lo que habíamos vivido, lo que apenas acabábamos de superar, había sido un auténtico tormento, y no parecía adecuado jugar con ello. Al menos no todavía; tal vez más adelante, cuando las cicatrices estuvieran cerradas y sanadas las heridas. Cuando pudiéramos contemplarlo desde la seguridad que aporta la perspectiva del tiempo. Entonces sí, pero no ahora, era demasiado pronto.

Esther siguió comentando:

—Aún cometemos errores. No todo está conseguido, pero vamos mejorando.

Asentí con la cabeza a la vez que miraba la incipiente tripita dentro de la que el bebé tomaba forma .

—¿Querríais ver a Lucía? —dijo el anciano de repente, como si se le hubiera ocurrido en el momento, e insistió de tal modo que sonaba a ruego—. ¿Me acompañaríais a verla?

—¡Claro! —respondimos al unísono.

—Nunca me atreví a proponérselo, pero lo estaba deseando —añadí yo—. Habla usted de ella con tanto amor y respeto que estoy convencido de que Lucía será una persona muy especial.

—Lo es —aseguró reforzando la sentencia con un firme asentimiento de cabeza—, al menos para mí, no hay nadie más especial.

Y en eso estamos en este preciso momento. Ese es el objetivo de nuestro breve viaje en esta fulgurante tarde de primavera. El día es bello. Una tarde casi perfecta.

Los álamos y las acacias delimitan los bordes de la carretera conviviendo en fraternal camaradería. Los primeros como imponentes guardianes, altos y erguidos, se alternan con las acacias cuyas copas redondas se curvan blandamente hasta tocarse con sus compañeros de la otra ribera de asfalto. De este modo el camino se convierte en un largo y fresco túnel que filtra tímidamente los rayos de sol.

Una brisa suave mece las ramas más altas. A ras de tierra todo está inmóvil. Todo salvo el vehículo que nos transporta que se desplaza despacio, permitiéndonos ir con las ventanillas abiertas, disfrutando del húmedo olor de la campiña, con su efecto terapéutico.

Varias veces he mirado de reojo por el espejo retrovisor para observar al Sabio. El nerviosismo que refleja me hace pensar en un adolescente que acude al encuentro de la chica de sus sueños. Nunca vi a nadie tan enamorado de su mujer ni tan impaciente por encontrarse con ella.

Llegados a nuestro destino, apenas me da tiempo a detener el motor del coche cuando el anciano se precipita fuera de él. No puedo reprimir una sonrisa al verle correr, con sus pasos cortitos, hacia la verja metálica donde se localiza el acceso al jardín de la residencia. Anhela el encuentro.

Cuando mis pies cruzan el perímetro de la valla metálica, la imagen me cautiva. Las escasas nubes se han retirado y aquí adentro el sol pasea sus cálidas manos por cada rincón y provoca el estallido de la primavera entre los rosales. La vida se derrama en la múltiple carnosidad de las flores, chorrea por las ramas de los árboles y se hace presente en los cientos de pájaros que, resucitados del largo invierno y enloquecidos, alborotan el campo.

Si no supiera que en esta residencia se aloja la enfermedad diría que estamos en un lugar paradisiaco.

Debieron vernos llegar, porque no nos ha dado tiempo de alcanzar la puerta del edificio, cuando dos celadores acercan a Lucía en una silla de ruedas.

La imagen me conmueve. Lo primero que atrae mi atención es su mirada, o debería decir su «no mirada». Aquellos aturdidos y vidriosos ojos indagando sin ver, las manos temblorosas y adelantadas como si temieran un golpe, las piernas, apoyadas en la silla pero trémulas e inciertas. Lucía parece una criatura casi extinguida, pero no es así para el Sabio. Ella es su princesa y corre con impaciencia. Acude a su encuentro incapaz de aguardar los dos segundos que la silla tardará en llegar a nuestra altura. Se agacha junto a ella, envuelve con sus dos manos el rostro de la anciana y sin que el gesto se le descomponga llora a mares. También yo lo hago.

Girándome hacia Esther observo que está absorta en la escena y que también sus ojos se convierten en fuentes al ver cómo el anciano abriga con las suyas las manos de su mujer, y acaricia con fruición y con indecible ternura aquellos dedos que parecen sarmientos al estar retorcidos por la artritis.

Y Lucía resucita. Ya no parece un ser casi extinguido. Los ojos de la anciana, que hace un momento parecían inquietos y curiosos, que miraban sin ver, y buscaban sin percibir, han encontrado ahora reposo y en su rostro se perfila algo cercano a la paz. Está junto a su amado, esa era la inyección de vida que necesitaba.

No puede hablarle, ni siquiera puede verle, pero abre y cierra su mano en torno a los dedos de su esposo, como apropiándose de cada gramo de cariño que este le dispensa.

Un brillo mágico, juraría que milagroso, ilumina las pupilas de Lucía. Y allí, ante aquella impactante escena de amor en el atardecer de dos vidas, todo cobra sentido.

Cada frase escuchada en casa del Sabio.

Cada reflexión compartida en su humilde cocina.

Cada principio declarado.

Todo adquiere verdadero y pleno significado.

Él dijo: «Las palabras son enanos y los ejemplos son gigantes». No son palabras lo que tenemos delante, sino un gigantesco ejemplo.

Me embarga la convicción de que esta visita estaba planeada desde el primer día. Formaba parte del plan. Era el broche para el proceso de restauración.

El Sabio nos brindó la opción de acudir a este lugar convencido de que lo que aquí veríamos sería el sello a la terapia y que grabaría cada consejo en nuestra mente, dejando una marca indeleble en nuestro corazón.

Dicen que una imagen vale más que mil palabras. No son palabras lo que hay ante nosotros, sino un bellísimo lienzo. Un paisaje inolvidable que concreta y resume la esencia del amor, que no es un sentimiento, sino una decisión.

¿Comunicación? La más eficaz técnica de comunicación no verbal se escurre de la boca desdentada de Lucía. Expresiones de cariño y amor chorrean, hilvanadas en la sonrisa que fabrican sus labios. El Sabio le habla y ella sonríe. Escucha y, sobre todo, sonríe.

Y en nuestra mente reverberan los principios que el Sabio nos transmitió. El poder de los gestos, del lenguaje gestual; ahí lo tenemos: una mujer incapaz de enlazar dos palabras, pero que transmite mil mensajes, y encierra vida en cada uno de ellos.

Y la grandeza de una mirada. Los ojos de Lucía besan sin ver. El Sabio se asoma a esas pupilas ciegas y contempla el más bello de los paisajes. Ahí está la esencia del genuino *amor aunque*. Derrama toneladas de él sobre el corazón de su esposa y enseguida se produce un contundente efecto eco. La anciana responde con la presión de sus dedos, y también con su sonrisa, porque Lucía sonríe y sonríe hasta impregnarnos a todos de un gozo que, licuado, desborda nuestros ojos y empapa nuestras mejillas. «*El amor puede durar toda la vida*», nos aseguró el Sabio, y ahora lo demuestra.

Miro embelesado la escena. Pierdo la noción del tiempo, no sé cuánto transcurre, pero no me canso de observar.

Allí, frente a mí, todo lo que hay es amor. Lo demás ha pasado o se extinguió por completo: el ardor del enamoramiento, la pasión del encuentro sexual, la opción de viajar a bellos lugares y comer en buenos restaurantes. Todas son opciones vetadas para estos dos enamorados y, sin embargo, su amor sigue intacto. El principio del Sabio es cierto y absolutamente firme:

Lo demás puede ser importante, pero el amor es lo que de verdad importa. Es el verdadero fundamento y no caduca, ¡no! No tiene fecha de caducidad.

Todo pasa, pero el amor permanece, y también quedan la fe y la esperanza pero el mayor de ellos es el amor.[1]

Hay cosas buenas, y otras relevantes, pero luego están las que de verdad importan. ¡Es el amor! —casi en cada encuentro insistía en ello y lo enfatizaba gesticulando con sus manos—. ¡Lo que queda cuando todo lo demás falla es el amor!

El anciano se inclina hacia ella. Acaricia su blanco cabello, peinado impecablemente y recogido en un moño. Besa su frente mil veces y acaricia su rostro con ternura mientras le dice:

—¡Qué guapa estás Lucía! ¡Qué suerte haberme casado contigo! Si no fueras mi mujer hoy mismo te pediría en matrimonio.

¡Es tan fácil amar cuando se ha amado toda la vida! Y en aquellos ojos ciegos reverbera la chispa de la vida.

Y en los nuestros persiste el brillo húmedo de las lágrimas. Nuestro corazón se encoge al constatar cuánto tenemos y cuán poco lo apreciamos. ¡Nos tenemos el uno al otro! Podemos hablarnos, y mirarnos, y correr juntos y abrazarnos...

Entonces ocurre...

Esther y yo nos hemos agachado muy cerca de Lucía. Yo poso mi mano derecha sobre sus sarmentosos dedos y ella acaricia tiernamente el brazo izquierdo de la anciana. En ese instante, de forma repentina, como ocurren casi todas las cosas que nos cambian para siempre, Lucía toma mi mano y a tientas busca la de Esther. Lentamente las une; entierra la mía bajo los dedos de mi esposa y arropa con las suyas nuestras manos que tiemblan.

Nos mira luego, sin vernos nos observa, y se queda así durante varios segundos. Cuesta creer lo que está ocurriendo. Sus labios comienzan a moverse, abriéndose y cerrándose, como la boca de un pez, hasta que se ha deslizado un sonido que no parece ni siquiera una palabra.

—¿Qué ha dicho? —miro al Sabio, suplicante, y me inclino hacia ella por si fuera a repetirlo—. ¡Nos ha dicho algo! ¿Qué fue lo que dijo...?

—¿No lo entendisteis? —pregunta el anciano, conmovido hasta las lágrimas—. Yo sí.

Él, mucho más acostumbrado a la voz de su esposa, interpretó a la perfección el sonido.

—Hace meses... —nos dice el anciano entre lágrimas— más de un año, que no pronunciaba nada, pero ahora ha hablado.

—¿Qué fue lo que dijo? —hay urgencia en la pregunta de Esther—. Creo que Lucía se dirigió a nosotros. ¿Qué quiso decirnos?

El Sabio acaricia el rostro de Lucía. Lo hace con insistencia, como quien se esmera en sacar brillo a una superficie que ya lo tiene, porque el rostro de la anciana resplandece.

—¿Qué quieres decirles a nuestros amigos? —acerca su boca al oído de su amada—. Di, cariño, ¿qué mensaje tienes para ellos?

Y la anciana vuelve a boquear, como un pez que besa el cristal de la pecera.

Las palabras brotan. Lo hacen con dificultad, enredándose en el marasmo de neuronas destruidas. Surgen a trompicones, pero

185

se descuelgan por la compuerta de sus labios para posarse luego en nuestra alma y se quedan allí para siempre.

—A... Amaros... si... siempre... Podéis am... amar... amaros siem... pre.

Todo se ha detenido. Incluso la leve brisa que mecía las ramas altas de los árboles, se ha parado de golpe. Ni un solo pájaro canta ni un leve susurro agrede el silencio sagrado que se ha asentado entre nosotros.

Observamos, sobrecogidos, cómo tantea la mano de Lucía, buscando, hasta encontrarlos, los dedos de su esposo. Los envuelve con los suyos, ciñéndose a ellos como a una segunda piel, y sus labios tornan a moverse.

Contuvimos la respiración para escucharlo mejor.

—Te... te... amo.

El anciano llora a mares y nosotros también. Era lo que necesitaba, lo que llevaba meses anhelando. Él lo sabía, jamás dudó del amor de su mujer. Pero ahora ha vuelto a escucharlo.

Esther y yo nos incorporamos, retirándonos un poco. No queremos interferir en una escena de amor tan sagrada. La cabeza del anciano está posada sobre las rodillas de Lucía y las manos de la anciana acarician los cabellos de su hombre.

Nos alejamos casi en trance, convencidos de que estamos asistiendo a un milagro. El amor es un milagro capaz de crear momentos como este.

Busco la mano de Esther. Sus dedos jóvenes, fuertes y ágiles, aún no castigados por la artritis y los acaricio.

Me asomo a sus ojos vivos y desde allí atisbo el paisaje de su alma y me gusta mucho lo que veo.

—Te quiero —le digo.

—Te amo —me responde.

Podemos vernos, y también hablarnos, pero sobre todo podemos amarnos.

—Nuestro amor puede durar toda la vida —la sentencia brota de los labios de Esther en un susurro roto por la emoción.

—Nuestro amor durará toda la vida —mi voz también se quiebra, pero mi convicción es firme.

Ha llegado el momento de regresar y surcamos de nuevo el fresco túnel de álamos y acacias. Nadie habla. Ninguno de nosotros quiere romper un momento tan sagrado. Es tanto lo que hemos visto y aprendido, y también sentido que necesitamos de quietud para asimilarlo.

Conduzco despacio para poder viajar con las ventanillas abiertas, aspirando el húmedo olor del campo. La sensación es irrebatible: un tiempo nuevo ha comenzado; un tiempo en que el amor, el genuino amor, triunfará.

Cuando llegamos a su casa, el Sabio se despide con brevedad. Sabe que necesitamos de intimidad y sosiego para reflexionar en todo lo vivido. Él también.

—Guardad esto —dice poniendo un sobre en mi mano—. Leedlo cuando tengáis un rato, no es urgente.

Le observamos mientras se aproxima a su edificio. Cuando desde la puerta nos dice adiós con la mano, me embarga una sensación próxima a la orfandad. ¿Volveremos a vernos?

Una vez escuché que la vida está compuesta de ciclos: cosas que empiezan y terminan. Periodos que se inician y concluyen, relaciones que aportan inmensa riqueza durante un tiempo, pero también se acaban.

¿Será este el caso?, me pregunto mientras el anciano desaparece tras la puerta que se cierra. Ojalá que no.

De camino a casa, sostengo con la mano izquierda el volante del automóvil, mientras con la derecha acaricio el vientre de Esther. Pero de repente...

—¡Se ha movido! —grito al percibir un leve temblor bajo la palma de mi mano—. ¡El bebé se ha movido!

—¡Yo también lo he notado! —grita ella—. ¡Y lo hemos sentido a la vez!

—Eso es lo que quiero —digo conmovido—. Es lo que deseo con toda mi alma. Que sintamos lo mismo, que soñemos lo mismo.

—Amarnos con idéntico amor —añade ella—, y mirar ambos en la misma dirección.

Tengo que detener el coche y allí, bajo un cielo nocturno cuajado de estrellas, Esther y yo nos abrazamos y abrazados lloramos, conscientes de que definitivamente hemos cruzado la línea que nos separaba de un ayer tumultuoso para introducirnos en un nuevo día repleto de oportunidades.

Nuestro hijo tendrá el supremo privilegio de nacer y crecer junto a unos padres que se aman. Eso le hará vivir confiado, porque un niño nunca vive tan seguro como cuando ve que sus padres se comprenden, escuchan y respetan.

Abrazado a Esther, aún con mis ojos cerrados, mi corazón compone una oración en la que palabras y lágrimas se mezclan:

—¡Gracias, Sabio! Gracias, anciano de días por haber restaurado un matrimonio roto. Gracias por trabajar en estas ruinas hasta convertirlas en obras de arte.

Esther está en el baño, terminando de arreglarse para disponerse a dormir. El día ha sido intenso y yo también me encuentro agotado. Casi saboreo una larga noche de descanso.

Me desvisto rápidamente y al ir a colgar el pantalón sobre su percha toco el papel que hay en el bolsillo; se trata del sobre que me entregó el Sabio en la despedida. Lo había olvidado totalmente.

En primera instancia estoy tentado a dejarlo sobre la mesilla para leerlo mañana, cuando esté más descansado. Pero al abrirlo y apreciar que la nota no es extensa, decido sentarme sobre la cama y leer la breve carta escrita con una esmerada caligrafía en azul:

Mientras escribo estas palabras, a mis espaldas el día ya ha abdicado, pero frente a mí la luz aún se debate. La noche cae, y la temperatura. Una luna, redonda y blanquísima comienza a exhibir su supremacía. Sin embargo, aunque busco la noche no la encuentro, porque mis ojos están inundados por un bello amanecer: el que se ha alzado en vuestro matrimonio.

El proceso de restauración ha sido decididamente bello. ¡Estoy tan feliz de veros felices!

Dejadme que os hable como lo haría a mis hijos. Casi siento que lo sois: Cultivad el amor que se ha asentado entre vosotros.

Amar quizá sea envejecer juntos. Hacedlo. Cuidad el jardín de vuestro matrimonio. Regad, plantad, abonad y limpiad. Estaréis garantizando una vida larga y fructífera a vuestra hermosa relación.

Y no olvidéis nuestro pacto: Restaurados para restaurar.

Una vez convertida vuestra casa en hogar, os toca erigiros en agentes del cambio.

Hay heridas que precisan ser sanadas y hogares que requieren ser apuntalados; usad la pericia que os proporciona vuestra experiencia. Nadie hay más hábil en enjugar lágrimas ajenas que aquel que practicó con las propias.

Os presento a continuación una breve síntesis de los principios que prometí daros en cinco días. Fallé en el tiempo, aunque prolongar el plazo ha sido una delicia, pero no lo hice en los principios.

Espero que este breve resumen os ayude a exponer a otros aquellas columnas que os han resultado eficaces.

Asimiladlo, atesoradlo y no dejéis de compartirlo.

Cinco principios para aprender en cinco días y aplicar durante toda la vida

- Asimilad el verdadero significado de la palabra amor.
- Manteneos enfocados en la esencia mucho más que en la apariencia.
- Abrid cauces a la comunicación. Que fluya de forma constante y sincera.
- Luchad, siempre unidos, contra toda tempestad que azote la barca de vuestro hogar.
- Atesorad vuestra intimidad. Que nada ni nadie fuerce la puerta de vuestro matrimonio.

Termino de escribir casi al mismo tiempo que el día se acaba. Ahora sí, anocheció. Se ha ido la luz, pero de algún modo permanece todavía. El sol ha desaparecido, hace bastante, y sin embargo perdura el brillo en mi interior.

No, la oscuridad no ganará nunca la batalla, la ganará el amor. Porque el amor cubre multitud de faltas y cuando todo se agota permanecen la fe y la esperanza, pero sobre todo el amor.

Ganará el amor, porque el amor es el aliado de Dios, ¿o es Dios su aliado? O más bien, en realidad, DIOS ES AMOR.

—¡Qué palabras tan emotivas!

—¿Cómo dices? —ni siquiera me he dado cuenta de que Esther, a mi lado, había leído a la vez que yo, la nota del Sabio.

—ÁMALA —pronuncia Esther mientras que con su dedo índice recorre las letras con las que comienzan los cinco principios—. ¿Te das cuenta de que uniéndolas se forma esa palabra?

—Tienes razón —admito un poco sorprendido.

De pronto caigo en la cuenta y recito casi en un susurro:

—«*El amor es un ejercicio de jardinería: arranca lo que hace daño, prepara el terreno, siembra, sé paciente, riega y cuida. Estad preparados. Habrá plagas, sequías o excesos de lluvia, pero no por eso abandones tu jardín. Ama a tu esposa, es decir, acéptala, valórala, respétala, dale afecto y ternura, admírala y compréndela. Eso es todo, ámala*».

—¡Es muy bonito eso que has dicho! —elogia Esther—. Nunca antes te escuché decirlo, ¿dónde lo aprendiste?

—Fue la primera sugerencia que el Sabio me hizo: *Ámala*, me dijo insistentemente la primera vez que le vi. Nunca me escuchaste decirlo porque no sabía cómo amarte. Me enfrentaba a la labor de cuidar un jardín sin ninguna herramienta, pero ese tiempo ya pasó; ahora tengo herramientas, y tengo también amor para darte, entonces Esther me abraza.

—Su consejo inicial es también la última de las sugerencias que nos deja. Yo también quiero ponerlo en práctica. No hay otra cosa que desee más que amarte, amarte siempre, con todo mi corazón.

Guía de estudio

Primera parte: Mi crisis y el Sabio

Preguntas para reflexionar

1. Las crisis en el matrimonio no suelen presentarse de golpe, ni repentinamente, sino que van surgiendo poco a poco. ¿Podrías enumerar algunos síntomas, los que se te ocurran, que pueden manifestar la presencia de una crisis en la pareja?

   a. _____

   b. _____

   c. _____

2. «Compartíamos casa, pero no proyectos. Colchón, pero no sueños. Comida, pero no ilusiones». Mediante estas palabras el protagonista de este libro describe la situación de su matrimonio. ¿Hasta qué punto consideras importante compartir proyectos, sueños e ilusiones en el matrimonio? ¿Qué tipo de proyectos, sueños e ilusiones crees que es importante compartir?

3. El protagonista del libro acudió a buscar consejo de una persona conocida por todos como el Sabio. Hay crisis matrimoniales que requieren del apoyo de terceras personas para ser superadas.

a. ¿Recuerdas algún texto bíblico que recomiende buscar el consejo y el acompañamiento de otros? Escríbelo a continuación.

b. A la hora de buscar ayuda y consejo para el matrimonio, deberíamos tener en cuenta determinados rasgos y requisitos en quien nos ha de aconsejar. Estudiando el perfil del Sabio. ¿Qué requisitos encuentras en él, que consideras deben estar en todos los consejeros matrimoniales?

4. Después de leer la primera parte del libro (Mi crisis y el Sabio), reflexiona en lo siguiente:

a. ¿Cómo valoraba el Sabio a su familia?

b. ¿Cómo valoraba el Sabio su casa, el apartamento en el que vivía?

c. ¿Qué reflexiones te provoca la forma de pensar del Sabio con respecto al *tener* frente al *ser*?

Segunda parte: Principios para un buen matrimonio

Conocer el verdadero significado de la palabra *amor*

1. ¿Puedes redactar una definición del verdadero amor, basada en la que nos proporciona el Sabio?

2. ¿Qué frase de Jesucristo menciona el Sabio para ilustrar el verdadero amor?

3. ¿Cómo se puede aplicar esa afirmación de Jesús al matrimonio?

4. ¿De qué manera demostró el Sabio que su amor hacia Lucía era verdadero? ¿De qué forma crees que puedes demostrar ese amor en tu matrimonio?

5. ¿Cómo definirías el efecto eco al que se refiere el Sabio en este capítulo?

Distinguir entre lo importante y lo que de verdad importa

1. ¿Podrías enumerar algunas cosas que podríamos definir como buenas e importantes para un matrimonio? Deja fuera, de momento, las que de verdad importan.

2. ¿Qué es aquello por lo que el ser humano suspira a juicio del Sabio?

3. Tras leer el capítulo correspondiente, me gustaría que enumeraras algunas formas prácticas de expresar nuestro amor al cónyuge.

4. El refuerzo positivo es muy importante. ¿Cómo podemos ponerlo en práctica en nuestro matrimonio?

5. ¿Qué aporta el dinero a un matrimonio? y, ¿qué no puede aportar a la relación matrimonial?

6. ¿Cuáles son dos de los efectos que produjo el refuerzo positivo que aplicó el protagonista en su matrimonio?

La tragedia de dar más importancia a la apariencia que a la esencia

1. Explica con tus propias palabras qué es eso de que la sociedad en general da más importancia a la apariencia que a la esencia.

2. Detalla algunos síntomas que pueden apuntar a que una familia está dando más importancia al *parecer* que al *ser*.

3. ¿Se te ocurre algún plan de ajuste que debería llevarse a cabo en una familia que quiere dejar de dar más importancia a la apariencia que a la esencia? Detállalo a continuación.

Completemos los tres fundamentos principales para la familia.

El verdadero _____ de la palabra _____.

Que lo _____ no os haga olvidar lo que de _____.

Que nunca la _____ sea más importante que la _____.

Tercera parte: La comunicación es vital para la familia

Hablar no es necesariamente comunicar ni oír lo mismo que escuchar

1. ¿Recuerdas la definición del término *comunicar*, que ofrece el *Diccionario de la Lengua Española*?

2. Explica, con tus propias palabras, el sentido y significado de esa definición.

3. ¿Cuáles son los dos tipos de metáfora que usa el Sabio para presentar dos opciones de comunicación?

4. Haciendo un autoanálisis, ¿en cuáles de esas dos opciones te ves más representado(a) en lo que concierne a tu capacidad de escuchar?

5. ¿Puedes enumerar algunas razones por las que es importante ser capaces de guardar silencio? Piensa al menos en tres.

_____

_____

_____

6. ¿Captas la importancia de guardar silencio cuando nos sentimos enfadados y nuestras palabras pueden herir a nuestro interlocutor? Tal vez puedes pensar en algún episodio en que lograste controlar tu ánimo y gracias a ello no heriste con tus palabras.

Cómo detectar el «código» en el que llega el mensaje

1. ¿Qué crees que quiso decir el Sabio con que hay un código que impregna el mensaje?

2. ¿Te parece importante ser capaz de distinguir ese código cuando escuchamos a alguien? ¿Por qué?

3. ¿Te ha ocurrido alguna vez que interpretaste mal las palabras de una persona cercana porque no supiste distinguir el código emocional en el que venían? ¿Puedes explicar cómo te sentiste?

4. ¿Cuáles son, a tu juicio, los retos y peligros más acuciantes que sufre la familia del siglo veintiuno? ¿Podrías detallar alguna posible solución para esos peligros?

Cuando la voz no es el canal del mensaje

1. ¿Cómo interpretas la información de que a veces la voz no es el cauce o canal por el que llega el mensaje?

2. De acuerdo con los datos que aporta el Sabio, ¿cuáles son otros canales que pueden transmitir mensajes, aparte de las palabras?

3. De los canales que el Sabio menciona, ¿hay alguno que para ti tenga una importancia especial?

4. ¿Has transmitido y recibido mensajes sin que medien las palabras? ¿Podrías comentar algún caso?

El hombre y la mujer son conversadores muy distintos

1. ¿Coincides con el Sabio en el análisis de que el hombre y la mujer son conversadores muy distintos? ¿Puedes razonar tu respuesta?

2. Los distintos personajes de nuestra historia enumeran algunas cosas que son necesarias para que esta diferencia no derive en conflictos. ¿Recuerdas algunas de las cosas que evitarán la discusión?

3. El Sabio incorpora un elemento importante para la comunicación: La escucha activa. ¿Podrías definirla?

4. Hay una frase importante rescatada del libro, complétala y medítala. Si tuvieras dificultades para hacerlo vuelve a leerla

en el capítulo: «El hombre y la mujer son conversadores muy distintos».

Aquel de los dos que es más _____ intentará ser un poco más expresivo y el más locuaz luchará por ser algo más _____, y sobre todo debe prevalecer el deseo de _____ al otro. De ese modo el más expresivo respetará los _____ del que lo es menos, y este prestará atención y escucha _____ frente a quien es más comunicativo.

Hablar de todo lo que sea importante para ambos

1. ¿Podrías recordar la división de necesidades que establece la pirámide de Maslow?

2. Hay una clara diferencia entre las necesidades primarias de una mujer y las de un hombre. ¿Recuerdas cuáles son las prioritarias para cada uno de ellos?

3. ¿Puedes completar la frase: La mujer cuando se siente amada se siente _____. El hombre cuando se siente _____ se siente amado. ¿Qué opinas de esta reflexión? ¿La encuentras acertada? ¿Por qué?

4. ¿Crees en la importancia de que hombre y mujer se expresen con toda honradez y transparencia sus necesidades? ¿Por qué lo ves importante?

5. ¿Cuáles crees que pueden ser las consecuencias de que juguemos al juego de las adivinanzas, en lo que concierne a nuestras necesidades?

Cuarta parte: La relación con mi familia

Cómo tratar con mis emociones
cuando han sido heridas

1. Es imposible que dos personas que conviven estrechamente no se ofendan en alguna ocasión, la clave está en cómo enfrentar esas ofensas. Ofenderse es inevitable, disculparse es obligatorio. El Sabio menciona dos formas negativas de expresar la ira que es fruto de la ofensa. ¿Recuerdas cuáles son esas dos formas?

2. Explotar la ira es el proceso mediante el que «atesoramos» la ofensa en el corazón para desquitarnos en la primera oportunidad. ¿Qué provoca en nosotros guardar la ofensa en nuestro interior?

3. ¿Cuál sería entonces la forma adecuada de tratar con mis emociones heridas?

4. El Sabio propone un proceso que consta de tres pasos, mediante los que confrontamos adecuadamente al ofensor. Voy a enumerarlos y tú puedes desarrollar una breve explicación de lo que implica cada uno.

   1. El qué.
   2. El cómo.
   3. El cuándo.

Cómo enfrentar las crisis vitales

1. Las crisis vitales, sean del tipo que sean, no tienen por qué separar al matrimonio; por el contrario, pueden unirlo. ¿De qué depende, a tu juicio, que una crisis logre unir en vez de separar?

2. ¿Has experimentado alguna vez una situación de crisis que provocó distancia en la pareja? ¿Cuál crees que fue la causa?

3. ¿Piensas que es negativo volvernos herméticos y cerrados en medio de los problemas? ¿No es cierto que cuando nos quedamos con nuestro problema a solas, estamos en mala compañía? Desarrolla un poco tu punto de vista.

4. ¿Cómo podríamos ayudar a nuestro cónyuge para que se sensibilice y nos exprese lo que le preocupa y aflige? ¿Cuál sería el procedimiento mediante el que le persuadiríamos a compartir la carga con nosotros?

5. Los problemas económicos puede provocar una presión añadida a la familia. ¿Por qué es importante consensuar las compras que implican inversiones fuertes?

6. ¿Qué dijo Viktor Frankl con respecto a la importancia de la actitud que adoptemos ante los problemas que tenemos que enfrentar? ¿Qué opinas de esas palabras?

¡Somos demasiado diferentes! Cómo aceptar las diferencias en la pareja

1. ¿Podrías definir el proceso REM, con el que en este apartado sugerimos enfrentar las diferencias en la pareja?

2. Completa tú la frase: Alguien dijo que las diferencias son como ladrillos que podemos usar para construir _____.

3. Es cierto que hay diferencias que lejos de dividirnos nos enriquecen, pero también lo es que hay puntos en los que debe existir una clara conexión y coincidencia. ¿Puedes pensar en alguno de estos puntos en los que es necesario coincidir?

4. Completa los espacios en blanco que hay en la frase que presentamos a continuación. Si no puedes hacerlo lee de nuevo la última parte de «¡Somos demasiado diferentes! Cómo aceptar las diferencias en la pareja».

Por otro lado, del mismo modo que determinadas diferencias son totalmente asumibles y hasta recomendables, hay áreas en las

que se requiere una coincidencia casi plena. Me refiero a
_____ y _____ de primer orden:
_____, _____, _____, etc. Discrepar en esto es equiparable a uncir dos bueyes bajo _____ y pretender que aren en direcciones opuestas.

Cómo tratar los días malos de mi pareja

1. Esther estaba intratable, no le salía una sonrisa ni haciendo un gran esfuerzo. ¿Recuerdas qué le dice el Sabio al esposo de Esther acerca de la sonrisa? Te ayudaré un poco, a cambio de que luego reflexiones en la frase. Comenzaba así: *Si en tu camino ves a alguien sin una sonrisa...*

2. Las épocas en que nuestro cónyuge está de bajón son enormes oportunidades para reforzar los vínculos en el matrimonio. ¿Cómo podemos usar esos días para fortalecer la relación?

3. El Sabio se refiere a dos tipos de amor. ¿Podrías enumerarlos y definirlos?

4. ¿Tienes alguna experiencia en mente en la que decidiste aplicar el *amor aunque* y vieras entonces los buenos resultados de esta categoría de amor?

5. ¿Puedes completar la frase de Diabeté: *El amor es lo único que se hace grande al* _____? ¿Qué reflexiones te inspira esta frase?

Cómo superar las decepciones: ¡Mi príncipe azul se ha desteñido!

1. Es cierto que en el noviazgo todos idealizamos a nuestra pareja, pero una vez casados llega el descubrimiento de que nadie es perfecto y que nuestro cónyuge tampoco. Con el descubrimiento de la realidad se pueden tomar dos caminos. ¿Recuerdas cuáles son?

2. ¿Qué ocurre cuando me enfoco en el punto negro que tiene el folio?

3. ¿Qué ocurre si centro mi atención en la superficie blanca más que en el punto negro?

4. ¿Recuerdas en qué consiste el juego de las comparaciones acerca del que previene el Sabio?

5. ¿Por qué es tan peligroso el juego de las comparaciones?

6. ¿Qué crees que ocurrirá si decido comenzar a apreciar las virtudes de mi cónyuge y a enfocar mi atención en ellas?

Cómo crecer en gratitud

1. ¿Por qué crees que es importante la gratitud en la familia?

2. ¿Es contagiosa la gratitud? Quiero decir, ¿piensas que de padres agradecidos surgen hijos agradecidos? Razona un poco tu respuesta.

3. Esther afirma que la gratitud tiene poder creativo, ¿a qué crees que se refiere?

4. Define lo que el Sabio denomina bancarrota emocional.

5. ¿Cómo podemos evitar que nuestro cónyuge, o alguien cercano, padezca esa bancarrota emocional? Menciona algunos de los ingresos que podemos hacer en el alma de los nuestros para conseguir el equilibrio emocional.

Cómo mejorar en la intimidad dentro del matrimonio

1. ¿Recuerdas qué significado y qué sentido tiene la palabra *unir* en el idioma hebreo?

2. Un hombre y una mujer que están unidos, han llegado a conformar entre ambos una pieza casi indisoluble, y de ese modo es posible evitar la interferencia de terceras personas. ¿Qué tipos de personas a veces se entrometen en el matrimonio? Si no recuerdas las diferentes categorías vuelve al capítulo: «Cómo mejorar en intimidad».

3. Los padres e hijos que ya se casaron, a veces deben ser cuidadosos en cuanto a establecer una prudente distancia. ¿Qué características deberá tener esa distancia para preservar la intimidad sin provocar un alejamiento excesivo?

4. ¿Cómo deberían actuar unos padres que ven que sus hijos se equivocan? ¿Cómo lograr que una aproximación para ayudar no se convierta en intromisión?

La relación con los hijos

1. Los hijos son como la leña para el fuego, que aportan combustible, pero en exceso roban el oxígeno. ¿Puedes enumerar alguna de las áreas en las que la llegada de un hijo provoca cambios fuertes en el matrimonio?

2. ¿Cómo evitar que la atención que reclama el bebé no sea una agresión demasiado grande para la relación matrimonial? Presenta algunas sugerencias prácticas para que el hombre y la mujer pasen tiempo juntos.

3. Cuando los padres se han volcado en exceso en los hijos y han descuidado la relación entre ellos, se produce el famoso *síndrome del nido vacío*. ¿Cómo evitar que nos afecte?

4. La intimidad sexual se ve afectada con la llegada del bebé. El Sabio sugiere algunos pasos para superar esa etapa. ¿Los recuerdas?

5. Uno de los focos de discusiones en la pareja tiene que ver con la manera y ocasión en que se aplica disciplina a los hijos. El Sabio tampoco ha guardado silencio al respecto. ¿Puedes recordar algunos de los consejos que ha dado?

6. ¿Ves práctico que los padres acuerden determinados medios de disciplina antes de que surja el conflicto? ¿Por qué lo ves adecuado?

7. Enumera los principios fundamentales para evitar conflictos a la hora de educar a los hijos que no son de ambos cónyuges.

8. Una cuestión clave es que la madre o padre biológicos motiven a su hijo a aceptar al nuevo papá. ¿Cómo sugieres que se lleve a cabo ese proceso?

Notas

Capítulo 3: Conocer el verdadero significado
DE LA PALABRA *AMOR*

1. Frase atruibuida a León Tolstoi.
2. Gustavo Adolfo Bécquer, rima XX: «El alma que hablar puede con los ojos, también puede besar con la mirada».
3. Se trata de Juan Torre. Ver www.juantorre.com.
4. Juan 15.13.

Capítulo 4: Distinguir entre lo importante y
LO QUE DE VERDAD IMPORTA

1. Noel Scharjis, «No veo la hora», *Uno no es uno* (© 2009 Sony Music Entertainment México, S.A. De C.V.).
2. Ángeles Caso, «Lo que quiero ahora», *La vanguardia, Magazine*, 19 enero 2012, http://www.lavanguardia.com/magazine/20120119/54245109494/lo-que-quiero-ahora-angeles-caso.html.
3. Autor anónimo.
4. Poema adaptado y personalizado de un precepto chino de dominio público y autor original desconocido.

Capítulo 6: Hablar no es necesariamente
COMUNICAR NI OÍR LO MISMO QUE ESCUCHAR

1. Proverbio castellano.
2. «No abras los labios si no estás seguro de que lo que vas a decir es más hermoso que el silencio», proverbio árabe.

Capítulo 7: Cómo detectar el «código» en el
QUE LLEGA EL MENSAJE

1. Proverbio suizo.
2. «Una alegría compartida se transforma en doble alegría; una pena compartida en media pena», proverbio sueco.

Capítulo 8: Cuando la voz no es el canal del mensaje

1. Proverbio árabe.
2. Frase atruibuida a André Maurois.

Capítulo 9: El hombre y la mujer son conversadores muy distintos

1. Pilar García Mouton, *Como hablan las mujeres* (Madrid: Arco Libros, 1999).
2. Basado en el poema de R.O'Donell, «La escucha», en A. Pangrazzi, *El mosaico de la misericordia* (Santander: Sal Terrae, 1990).

Capítulo 10: Hablar de todo lo que sea importante para ambos

1. Nota del autor: Expresión que en España se utiliza para referirse a los mejores jugadores de fútbol y que se ha extrapolado a todos los ámbitos, usándose como un efusivo elogio.

Capítulo 11: Cómo tratar con mis emociones cuando han sido heridas

1. Pierre Choderlos de Laclos (1741–1803), frase de *Las relaciones peligrosas* que se ha convertido en Proverbio.
2. Dave Earley, *14 secretos para un matrimonio mejor* (Uhrichsville, OH: Casa Promesa, 2011).

Capítulo 12: Cómo enfrentar las crisis vitales

1. Gloria Fuertes, *Historia de Gloria* (Madrid: Cátedra, 1983).
2. *Cuando Harry encontró a Sally*, Dir. Rob Reiner, Nelson Entertainment, 1989.
3. Víctor Frankl, *El hombre en busca de sentido* (Barcelona: Herder, 2004).
4. Séneca, *De la divina providencia*, cap. IV.

Capítulo 13: ¡Somos demasiado diferentes! Cómo aceptar las diferencias en la pareja

1. Cuento original del autor José Luis Navajo.
2. Antoine de Saint-Exupéry, «Tierra de hombres», en *Obras completas* (Barcelona: Plaza y Janés, 1967), p. 324.

Capítulo 14: Cómo tratar los días malos de mi pareja

1. Basado en un proverbio chino.
2. Proverbio sueco.
3. 1 Samuel 1.5.
4. Autor desconocido.

Capítulo 15: Cómo superar las decepciones:
¡Mi príncipe azul se ha desteñido!

1. De «Trece líneas para vivir», autor desconocido. Poema atribuido popularmente a Gabriel García Márquez.

Capítulo 16: Cómo crecer en gratitud

1. «Habilidad de Pocos... Garantía de Éxito!!», blog de «Tu formula para el éxito», http://tuformuladelexito.com/habilidad-de-pocos-garantia-de-exito/.

Capítulo 17: Cómo mejorar en la intimidad
dentro del matrimonio

1. Génesis 2.24.

Capítulo 18: La relación con los hijos

1. De la frase en inglés: «The best "security blanket" a child can have is parents who respect each other», Jan Blaustone, *The Joy of Parenthood: Inspiration and Encouragement for Parents* (Deephaven, MN: Meadowbrook Press, 1993).

Epílogo: El legado del Sabio

1. «Y ahora permanecen la fe, la esperanza y el amor, estos tres; pero el mayor de ellos es el amor» (1 Corintios 13.13).

Acerca del autor

José Luis Navajo cursó estudios en el Seminario Evangélico Español, la Asociación de Formación Teológica Evangélica y la Escuela Bíblica Salem. Tras muchos años de pastorado, en la actualidad es conferenciante en ámbitos internacionales y ejerce como profesor en el Seminario Bíblico de Fe. También participa como comentarista en diversos programas radiofónicos y es columnista en publicaciones digitales. Su otra gran vocación es la literatura, con dieciséis libros publicados. Lleva treinta años casado con su esposa, Gene, con quien tiene dos hijas: Querit y Miriam.